JN412368

만화 박정희

이상무 그림 — 조갑제 원작

기파랑

그린이의 말

박정희가 남긴 발자취

만화는 아동과 청소년에게 무익한 불량문화였기에 윤리위원회의 사전심의 칼날은 어처구니없을 만큼 무자비했다.

핏발선 눈으로 밤을 새워 완성한 원고는 사전 심의위의 칼날에 폐기→수정→재수정을 거치면서 누더기가 되었고, 우리 만화인들은 군사정부에 기진맥진하고 박정희에게 절망했다.

필자가 활발하게 활동했던 1970~80년대의 일이다.

필자의 국민(초등)학교 시절엔 우리의 자랑이 삼천리 금수강산이오, 한글과 금속활자이며, 이순신과 거북선이었다.

그리고 인도의 시인 타골이 "빛나던 등불이었던 코리아, 그 등불 다시 한 번 켜지는 날 동방의 밝은 빛이 되리라!"라고 한마디 한 것을 금과옥조처럼 되뇌며 위안으로 삼고 자부심을 느꼈을 뿐 우리는 여전히 세계의 작은 변방에 불과했다.

그리고 지금, 군사정부도 박정희도 사라져간 지 오래고 한국인들은 세계 구석구석을 누비며 대한민국을 세계 속에서 급부상시켰다. 분단된 나라에서, 민주주의를 도입한 지 한 세대도 지나지 않은 대한민국은 정말 대단한 업적을 이룩한 것이다.

유사 이래 지금처럼 우리가 우리의 목소리를 낸 적이 과연 있었던가?

필자 역시 근대사를 보는 시각이 나름은 객관화 되어가면서 대한민국에 대한 애정과 자부심이 커지게 되었고, 질곡과 혼란과 모순, 그 우여곡절 속에서도 대한민국은 용케도 잘 굴러왔다는 생각을 지울 수 없게 되었다.

그리고 그 대한민국에 박정희라는 인물이 남긴 발자취가 결코 작지 않음으로 해서 그를 다시 바라보게 되었다.

그가 통치하던 엄혹하던 시절 그에게 고난당한 많은 사람과 같이 필자 역시 "왜 꼭 당신이어야만 하는가?"에서 "그래, 당신이었기에 가능했다!"로 생각이 바뀌기 시작했고, 그를 다시 한 번 깊숙이 바라보자는 생각에서 『만화 박정희』를 시작하게 되었다.

그러나 필자의 역량 부족과 짧은 지면으로 그의 내면은 물론 허겁지겁 그의 행적만 대충 훑는 결과밖에 되지못해 이 만화의 기둥 자료를 삼은 조갑제 님의 글에 오히려 헛된 덧칠만 한 것 같은 느낌을 지울 수 없게 되었다.

2011년 새 봄을 맞으며

이 상 무

1961년 5월 16일 새벽 3시

탕

탕탕

타타타티

만화 박정희

상

타다당
탕탕
탕탕

헌병
당당당
다다당

타탕
탕
탕
탕탕탕
탕탕
타타탕

타탕
탕탕

타당 탕탕

부우웅

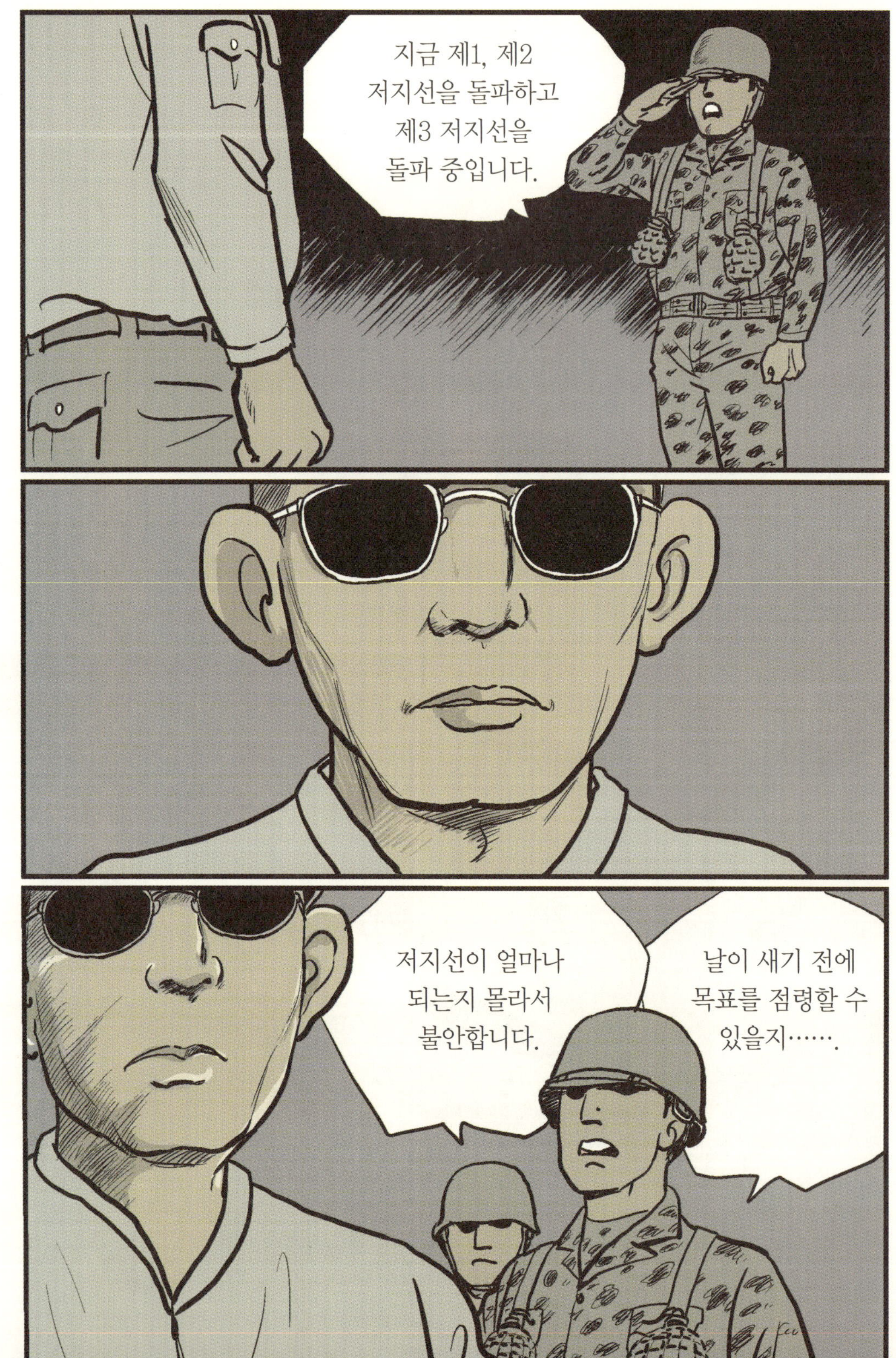
지금 제1, 제2
저지선을 돌파하고
제3 저지선을
돌파 중입니다.
저지선이 얼마나
되는지 몰라서
불안합니다.
날이 새기 전에
목표를 점령할 수
있을지…….

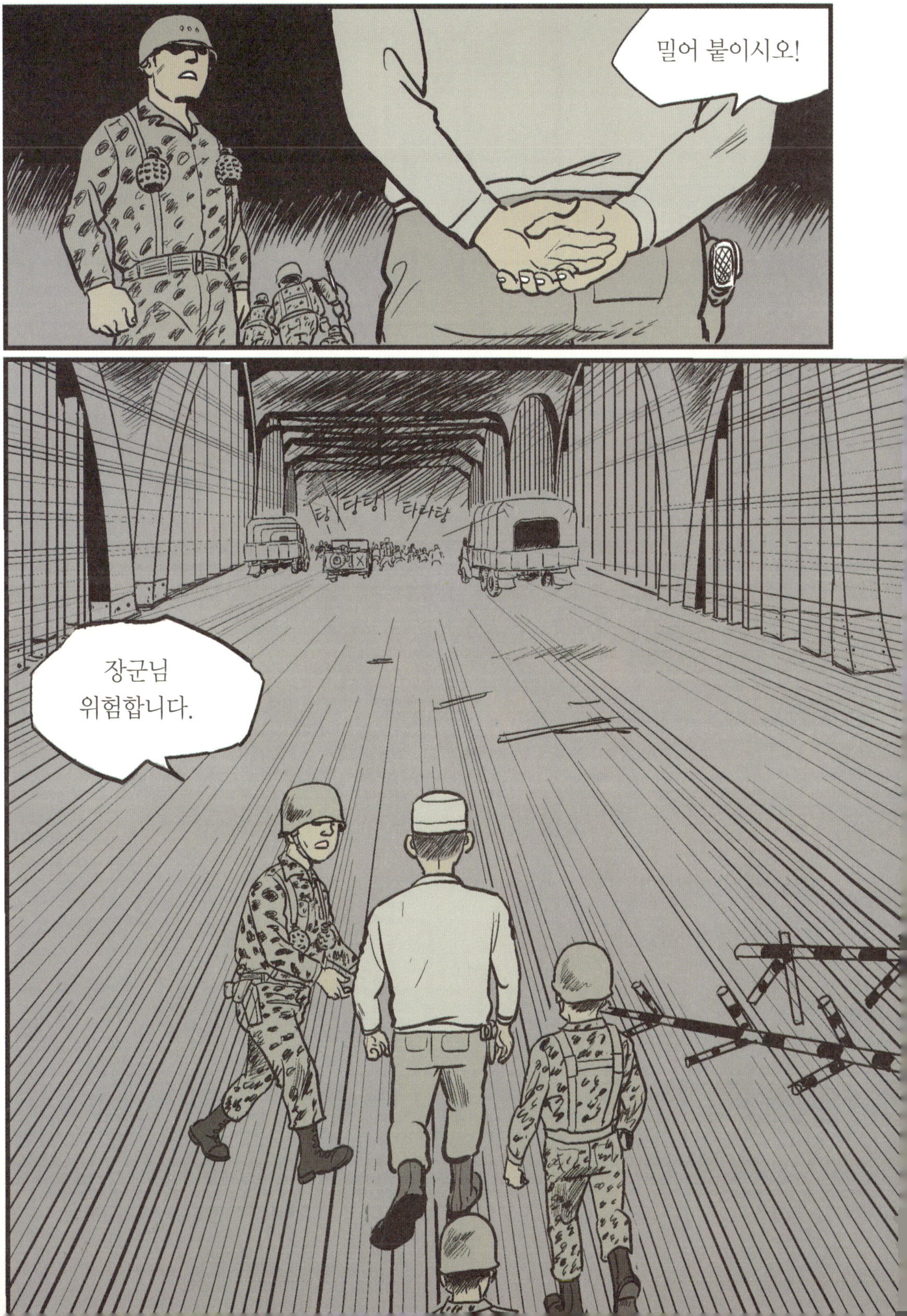

탕 당탕 타라탕

장군님
위험합니다.

박정희

그는 지금까지 크고 작은
생의 고빗길에서 나름의 뚝심과
결단으로 오늘에 이르렀다.

나라 잃은 백성으로
태어난 그가 택한 길은 항상
시련의 연속이었으며,

삶의 바닥까지 떨어지는
고난도 겪어야 했다.

그러나

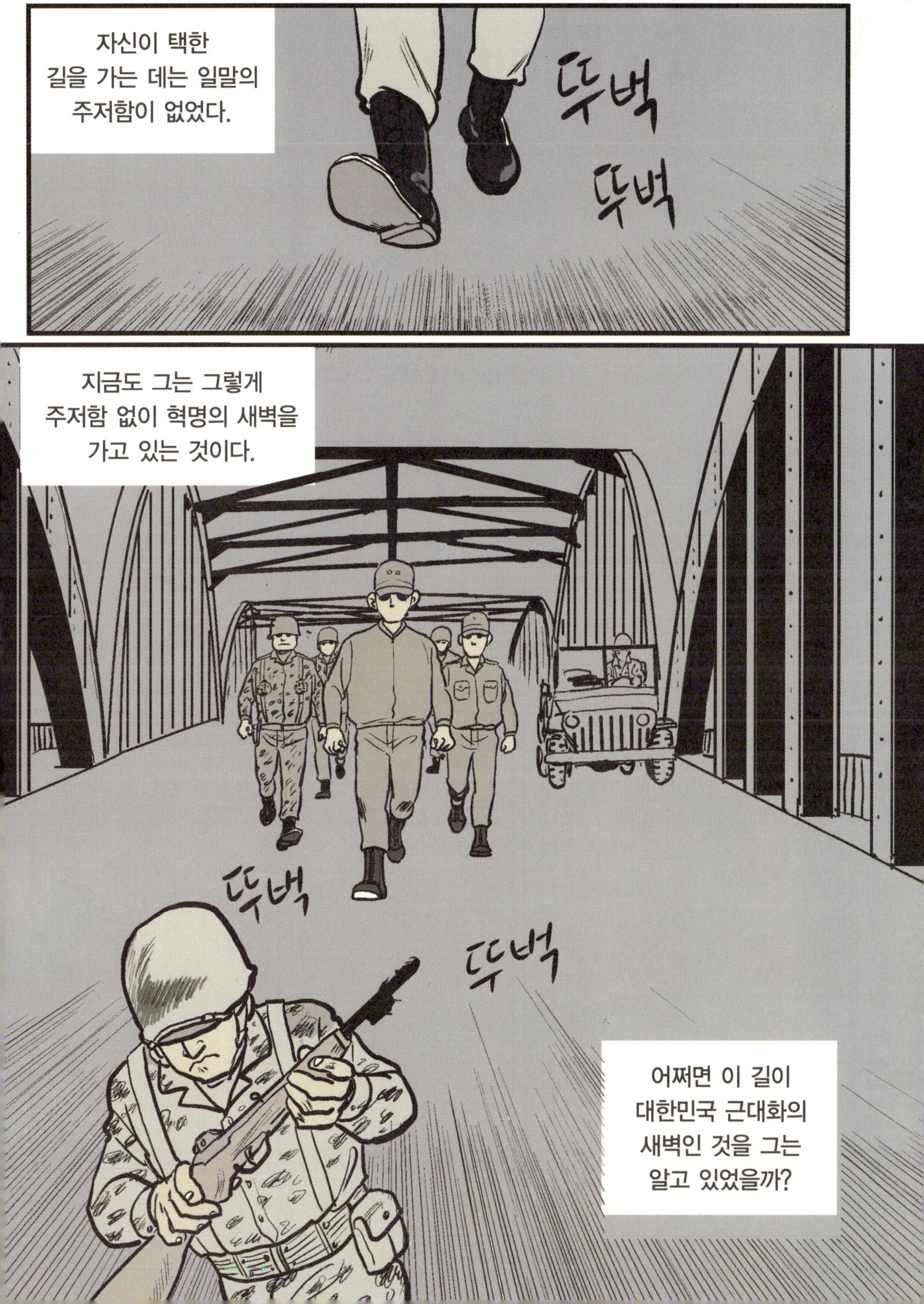

지금도 그는 그렇게
주저함 없이 혁명의 새벽을
가고 있는 것이다.

뚜벅

뚜벅

어쩌면 이 길이
대한민국 근대화의
새벽인 것을 그는
알고 있었을까?

출생

1917년 11월 4일
박정희는 경북 선산군 구미면 상모리에서 빈농의 막내 아들로 태어났다.
응애 응애
가족이 많아 입에 풀칠하기도 어려운 집안에서
그것도 마흔을 훌쩍 넘긴 나이에 임신을 하게 된 어머니 백남의 여사는

뱃속의 아이를 지우려고
무던히 애를 썼다.
쿵

큰 딸이 출가해서
애를 가진 마당에 이 무신
우세고!

아가야 미안테이
니가 무신 죄고?

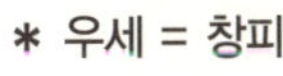
* 우세 = 창피

그러나 뱃속의
아이는 좀처럼
지워지지 않았다.

수양버들 가지의
뿌리를 달여서
마셔도 보고 간장을
한사발이나 마시고
앓아 누워 보았지만,

소용이 없었다.
그래, 낳자마자
솜이불로 싸서
버릴 수밖에…….

그렇게 정희는 출생부터
어머니와의 사투 끝에
세상을 보게 되는데 그것이
첫 번째 시련이었다.
미안테이 내가
참말로 몹쓸 짓을
했구마.

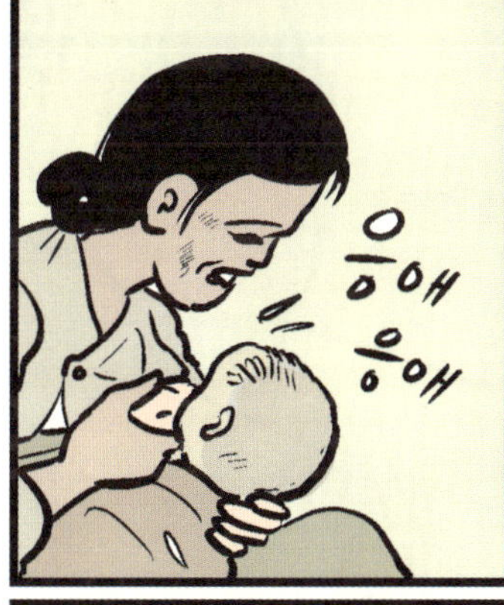
그러나 정희는 모유를 먹을 수가 없었다. 어머니의 젖이 말라 붙었던 것이다.
응애
응애

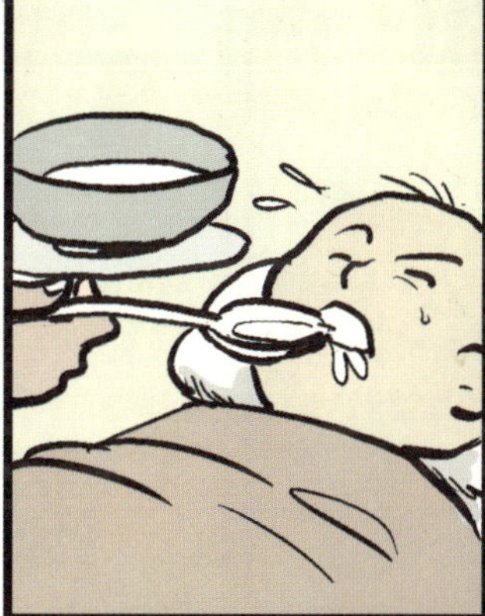
그래서 밥풀과 곶감을 넣어 끓인 물을 젖대신 먹였다.

또 큰누님(박귀희)의 젖을 빨기도 했다.

그러나 정희는
어머니의 사랑만은
듬뿍 받으며 자라게 된다.

소년 시절

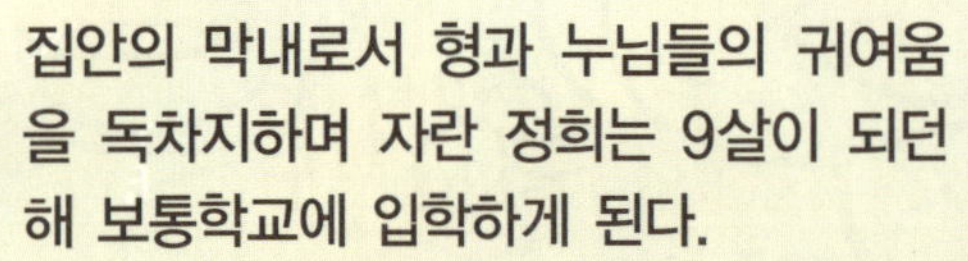
집안의 막내로서 형과 누님들의 귀여움을 독차지하며 자란 정희는 9살이 되던 해 보통학교에 입학하게 된다.

90여 호 되는 상모리에서 보통(초등)학교에 같이 입학한 아이는 정희를 포함해서 3명이었다.

그때까지 상모리에서 보통학교를 나온 사람은 정희의 셋째형 상희 씨 뿐이었다.

그만이 유일하게 근대식 교육을 받은 셈인데 나중에 선산군의 동아, 조선일보의 지국을 운영하는 지역의 유지로 활동하게 된다.
東亞日報 善山支局

＊ 단디=단단히

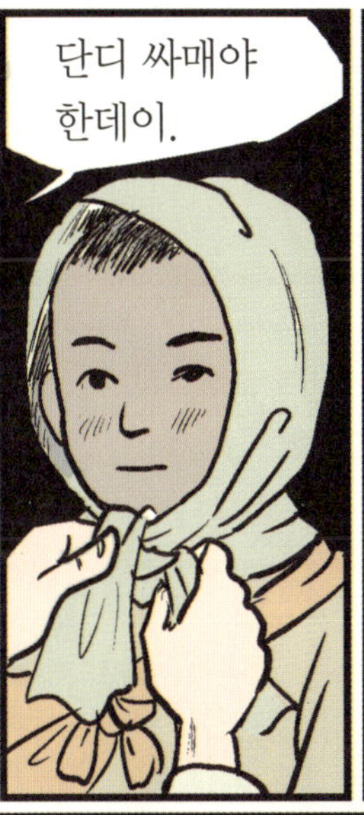

늦겠구마는 뛰자.

상모리에서 구미읍까지는 8km,
20리 길이다.
정희는 등교하기 위해 새벽에 집을
나서야 했다.

같이 입학했다고 하나 둘은
정희보다 몇 살 위였다.

쌔기=빨리

추운 날씨에 집에서 싸 온
밴또(도시락)는 꽁꽁 얼었다.

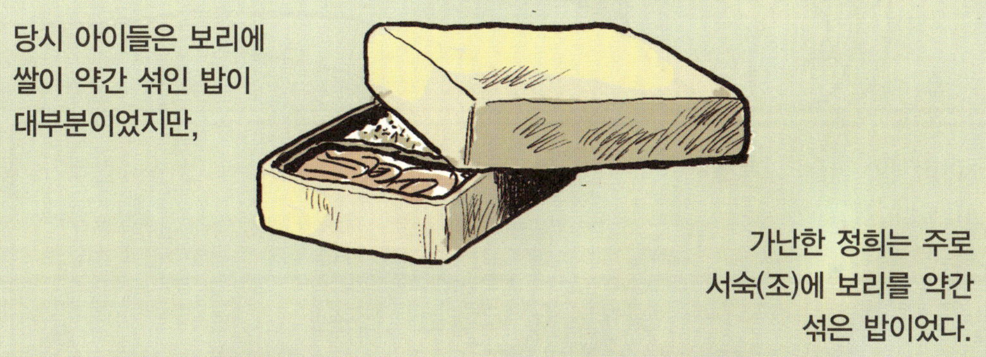
당시 아이들은 보리에
쌀이 약간 섞인 밥이
대부분이었지만,
가난한 정희는 주로
서숙(조)에 보리를 약간
섞은 밥이었다.

그런 찬밥을
먹은 정희는
자주
체했다.

웩
웩

한 번 체하면 먹을
것이 궁했던 시절임에도
며칠씩 토하며 밥을
제대로 먹질 못했다.

아버지와 형들의 키가 170cm를 훨씬 넘는 당시로서는 기골이 장대한 집안임에도

정희만 발육상태가 좋지 못해 '키작은 아이'로 불리었다.

줄곧 반에서
우등을 했고

3학년부터는 졸업 때까지
급장(반장)을 도맡아 했다.
차려!

선생님에
대하여 경례!
정희는 키는 크지 않았지만
심지가 굳은 아이였다.

자기보다 키가 한 뼘이나
큰 아이를 나무랄 일이 있으면

남자 자슥이
와 여자들을
몬살게 하노!

짝

급우들은 정희를 두려워했다.
그래서 얻은 별명이 '대추방방이 급장' 이었다.

덩치가 워낙 커서
정희도 어쩌지
못하고 기회만
노렸는데…….

니는 산수 성적이
이기 뭐꼬!

하! 산수는
와이리
어렵노.

보자 내가
가르쳐 주께.

이거는 이래 풀고
이래 하면 답이
나온다.

이미 정희는 상대를
제압하는데는 힘과 요령이
있어야 한다는 걸
깨달았다.

셋째 형 상희의 처가가 있는
김천은 상모리, 구미에 비하면
도회지나 다름없었다.

한번은 처갓집 가는 길에 정희에게
김천 시내를 구경시켜주었다.

아이스크림을 처음 맛보는
정희는 그 황홀하고 신기한
맛에 넋을 잃었다.
앗!
바삭
혀, 형님!
형님요!
아이스 크림
자가, 와
저카고 있노?

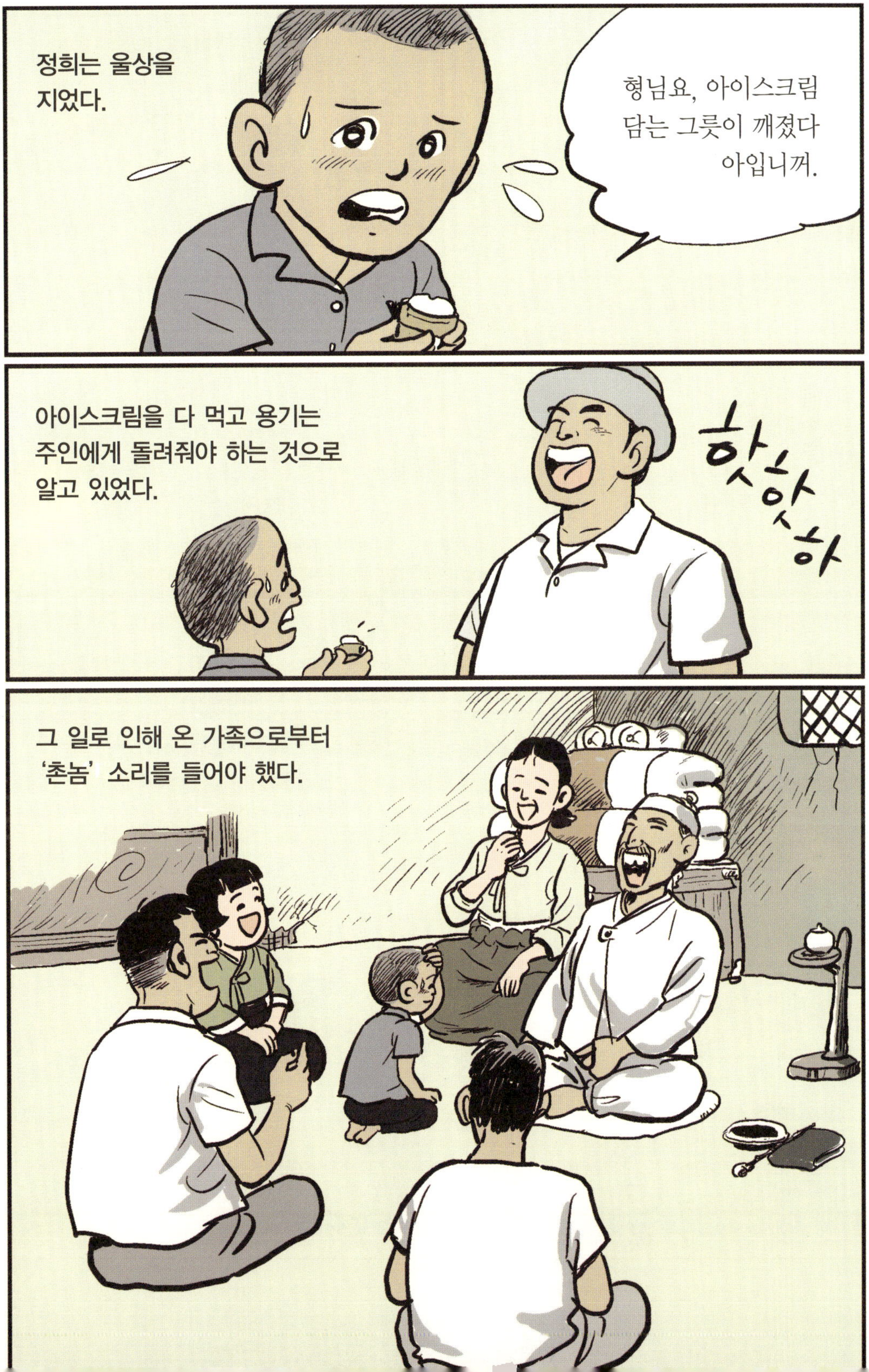

그 일로 인해 온 가족으로부터
'촌놈' 소리를 들어야 했다.

정희, 이제 오나?

오매요,
뭘 묵심니꺼?

밭에 잡초처럼 흔한 쇠비름나물에 보리밥을 넣어 참기름에 비빈 것이다.

배가 고팠던 정희는 비름나물 비빔밥을 아주 맛있게 먹었다.

그 후로도 정희는 비름나물 비빔밥을 자주 먹었는데, 사실 그 시절에도 대표적으로 거친 음식이었다.

훗날 대통령이 되고서도 그 맛을 잊지 못해 자주 먹게 되는데 70년대 후반부터는 쇠비름을 구할 수 없었다.

청와대 부관과 부속실장이 씨앗을 사 와서 청와대 본관 뒷산에 작은 밭을 일구어 심었다.

각하의 식성이 좀 서민적이어야 말이지…. 소박하고 알뜰하고
그렇기는 해.
언제 지방순시 때 갈비탕을 드시는데 어찌나 맛있게 드시는지,
나중에 뼈에 조금 붙어 있는 살점을 발라 드시기 위해
이렇게 두손으로 잡고 잘 발라지지 않는 살점을 뜯으려 애쓰시는데
보기에 민망할 정도였다니까.
먹을 수 있는 부위를 버릴 수 없어서 그러시는 거야.

일제 하의 교육

특히 국사교과서는 일본 전국시대에서 메이지유신 까지의 시대를 이끈 인물들을 중심으로 기술되었다.

* 메이지유신=1868년에 서구식 근대화를 지향하며 벌인 대대적 개혁 운동.

전국시대의 세 영웅 오다 노부나가,
도요토미 히데요시, 도쿠가와 이에야스,
그리고 수많은 무사들과 학자들.

* 전국시대=16세기를 전후하여 전쟁으로 날을 지새던 시대.

13만의 원정군이 출병하는
장엄한 모습을 나고야 성에서
내려다 보는 도요토미 히데요시의
그림이 실렸으며,
당파 싸움으로 방비가 허술한
조선에 일본군은 싸우면 이기고
공격하면 성을 함락시켰고,
석달 만에 조선을 거의 점령하고
선정으로 백성들의 인심도
얻었다는 식이었다.
다만 수군만이 이순신장군에게
격파되어 육군을 지원하지
못했다고 기술했다.

이 전쟁은 주로 나중에 참전한
명군과 일본군 사이의 전쟁이었고,
조선은 오직 달아나는 존재로만
부각되었다.

이어 전국시대의 막을 내리는 도쿠가와
이에야스와 이시다 미쓰나리의 세키가하라
결전을 장엄하게 묘사했다.
* 세키가하라 결전=중부지방 세키가하라에서
1600년에 벌어진 일본 최대의 내전.

소년 박정희는 이순신과 나폴레옹을
읽기 전 일본의 영웅들을 읽고 감명
을 받았다고 한다.

* "무사의 혼"=원 제목은 "주신구라(忠臣藏)"이다.

이 이야기는 "충신비사"란
제목의 번안 만화로
한국에도 출간되어 해방 후는
물론 6 · 25 후의 세대도
널리 읽었던 이야기이기도
했다.

이러한 일본의 영웅들 사이에 이퇴계와 이율곡,
영조와 정조, 한일병합에 관한 이야기도 끼어 있었다.

이 교과서는 이율곡을
설명하면서

그가 김효원과 심의겸 사이의 당파싸움을
막아보려고 했으나 실패하고,

현명한 영 · 정조가 당파싸움을 누르려고 노력했으나, 결국 후대에 가서는 수포로 돌아갔다고 했다.

"우리나라(일본)는 '정한론' 까지 대두되는데 조선은 여전히 '쇄국양이' 의 방침을 계속하고 있었다."고 설명한 대목도 있었다.

이렇게 조선은 자력으로 독립을 유지하지 못하고
항상 타국을 끌어들여 동양의 평화를 파괴하는
불씨가 되었기에 이토 히로부미가
조선을 속국으로 삼았다가
암살되었다고 기술했고,

"그러나 조선인 가운데
한일합방을 원하는 사람들이
많아서 합방했으며, 조선은
크게 발전하고 있다."라고
끝을 맺는다.

이렇게 일본인의 의리, 상무정신,
애국심과 양반의 나라 조선
지배층의 당파성, 사대성,
문약성을 대조시킨 교과서,

이러한 교과서를 읽고 배운 그 시대의
어린이들은 과연 어떤 생각을 했을까?

아무튼 박정희 소년은 우수한 성적으로
보통학교를 졸업하게 되는데,
賞
業 祝 卒
10점 만점의 과목성적에
8점은 전무했고 거의가
10점 만점으로 1등을
빼앗기지 않았다.

이순신, 나폴레옹과의 만남

東亞日報
朝鮮日報
善山支局

정희 니 또왔나?

아제요.

어나, 오늘자 동아일보

고맙 십니다.

상희형이 운영하는 조선, 동아일보 지국에
6학년이 된 정희는 자주 들렀다.

아마도 그것은 당시 동아일보
편집장이었던 이광수가
연재하는 '소설 이순신'을
읽기 위해서 였던 것 같다.

1932년 4월 2일자에
'소설 이순신'은 막을
내리는데 이광수는
이렇게 끝을 맺는다.

"그때에 적을 보면 달아나거나 적에게 항복한
무리들이 다 정권을 잡아 삼백 년 호화로운 꿈을 꾸는
동안 조선의 산에는 풀 한포기조차 없어지고 강에는
물이 마르고 백성들은 어리석고 가난해 졌다."

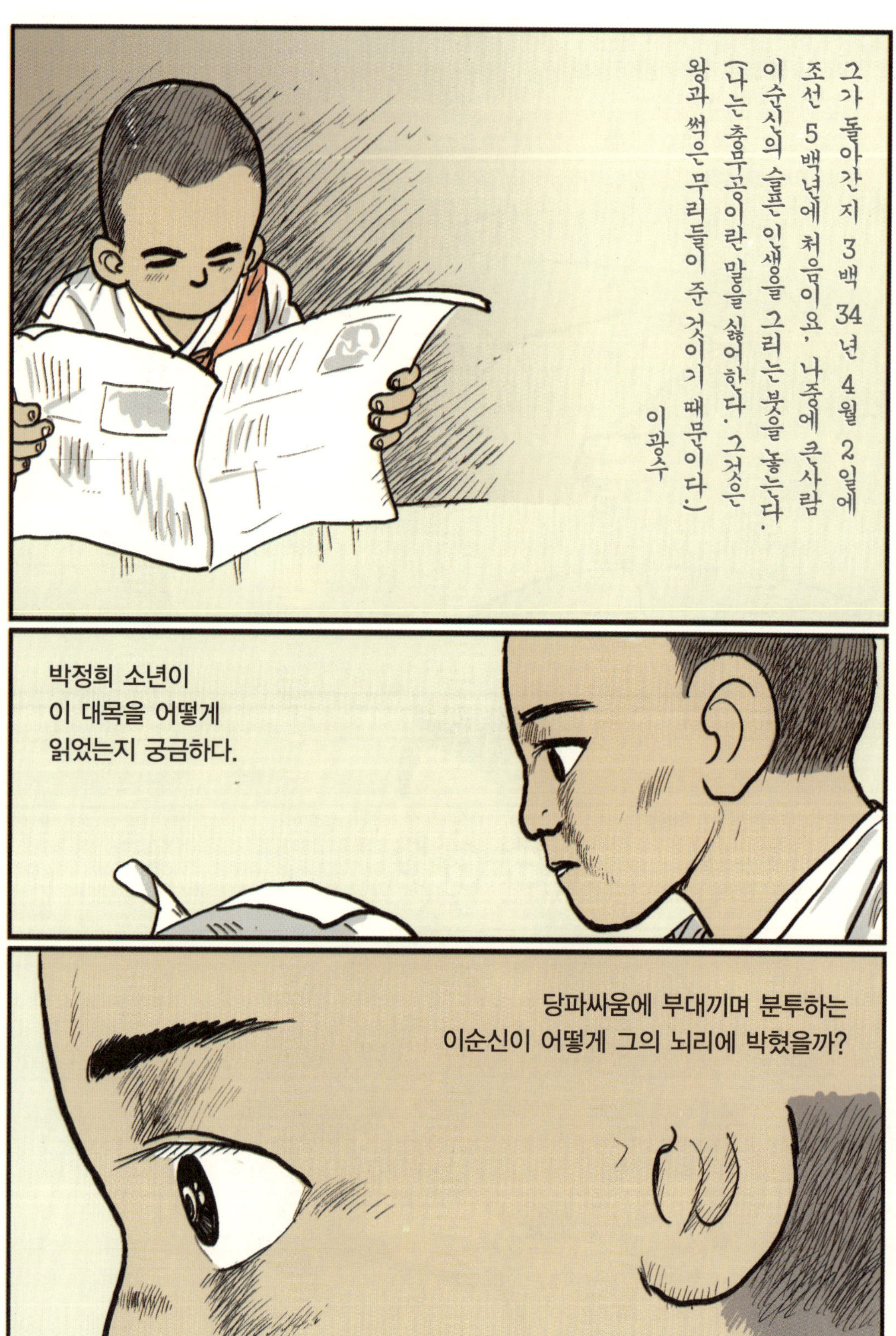
그가 돌아간 지 3백 34년 4월 2일에
조선 5백년에 처음이요, 나중에 큰사람
이순신의 슬픈 인생을 그리는 붓을 놓는다.
(나는 충무공이란 말을 싫어한다. 그것은
왕과 썩은 무리들이 준 것이기 때문이다.)
이광수
박정희 소년이
이 대목을 어떻게
읽었는지 궁금하다.
당파싸움에 부대끼며 분투하는
이순신이 어떻게 그의 뇌리에 박혔을까?

정희의 이순신 사랑은
그때부터 싹텄다.

그리고
또 한사람

프랑스 식민지 작은 섬,
크르시카에서 태어난 나폴레옹이
군에 들어가 프랑스의
황제가 되기까지

그의
파란만장한
삶에 넋을
빼앗겼다.

눈보라치는 알프스 산맥을 넘는
나폴레옹의 모습이 꿈속까지 찾아와
정희의 마음을 흔들었다.

이야기책이 귀하던 시절 나폴레옹
전기를 두 번 세 번 읽어서였을까?

나폴레옹과 박정희의 생애를
비교하면 놀라우리만치 비슷하다.

식민지에서의 출생이
그러하고
일본 식민지
조선
프랑스 식민지
크르시카

훌륭한 어머니의 영향력

어린시절 군(軍)을 동경한 것도
그러하고

작은 키

두 번의 사관학교

포병 출신

두 번의
쿠데타로 집권

집권 기간
18년
16년

집권 기간 근대화의 초석을 놓은 점
경제개발
중화학공업
새마을운동
근대화
법전
군사대국
근대화

이혼 경력

비극적 죽음
부하의 총에
세인트헬레나
섬에서 고독
하게 사망

그리고 죽음 뒤의 재평가도 공통점을 갖는다.

대구사범 입학

!

이 일을 어쩔꼬?
농촌에서는 구렁이를
영물로 여겼다.
정희가 대구사범에 응시하기
위해 셋째형 상희 씨를 따라
대구로 떠난 날 어머니는
잠을 이룰 수가 없었다.

이 일을 어쩌나!

돈 없는 집에서
합격을 했으니
이 일을 어쩌나!

정희를 이대로
썩힐 순 없습니다.

대구사범은
입학만 하모 학비
없이 공부 할 수
있단 말입니다.
돈이 들어가는 기
어디 학비뿐이라야
말이지.

그렇다고 농사꾼으로 썩힐
순 없습니다.

그렇게 정희를 데리고 대구로
떠난 상희 씨였다.

상희 씨는 자신이 보통학교밖에
나오지 못한 한을 머리 좋은
막내에게 물려주고 싶지
않았을 것이다.

어머니의 예상대로 정희는
수재들만 모인다는 대구사범에
당당히 합격한다.

정희야 봐라.
니가 당당히 합격
했데이!

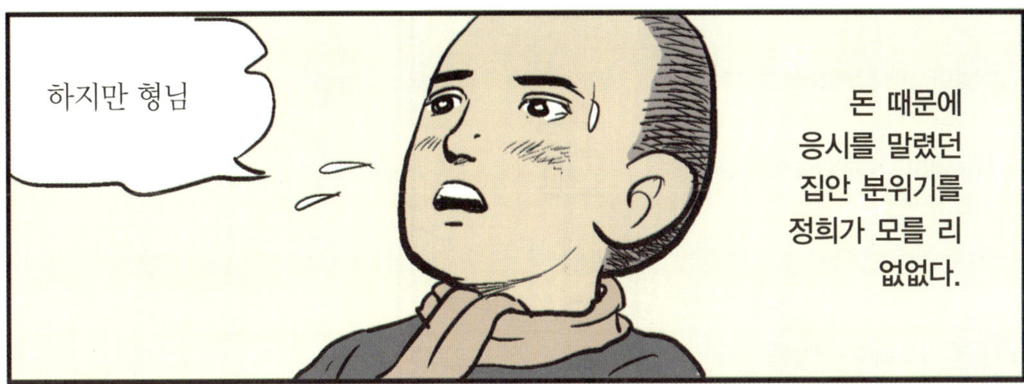

자슥!
니는 아무 걱정말고 공부
나 열심히 하는기다.

大邱師範學校

상희 씨는 나름대로 믿는
구석이 있었다.

나이가 40을
바라보는그에게
19살 재희를
소개해서
결혼까지
시킨 것이다.

그러면서
상희 씨는
돌아섰다.

그렇게 돌아서며
눈물을 훔치던 상희 씨를
재희 씨는 똑똑히
기억하고 있다.

오빠

내선일체(內鮮一體) 교육

대구사범은 당시 관립으로 경성,
평양사범과 함께 황국신민 정신에 투철한
교사를 배출하기 위해 설립한 학교였다.
大邱師範學校
* 내선일체=일본과 조선은 하나라는 미명 아래
우리의 민족 혼을 말살하려 한 정책.

가난하면서 우수한 인재를
뽑아 교육시키는 한편,

엄격한 통제 아래 내선일체
교육이 이뤄지고 있었으며

군국(軍國)시대에 걸맞는
장교적 교양을 갖춘
교사를 양성한다는
목적도 있었다.

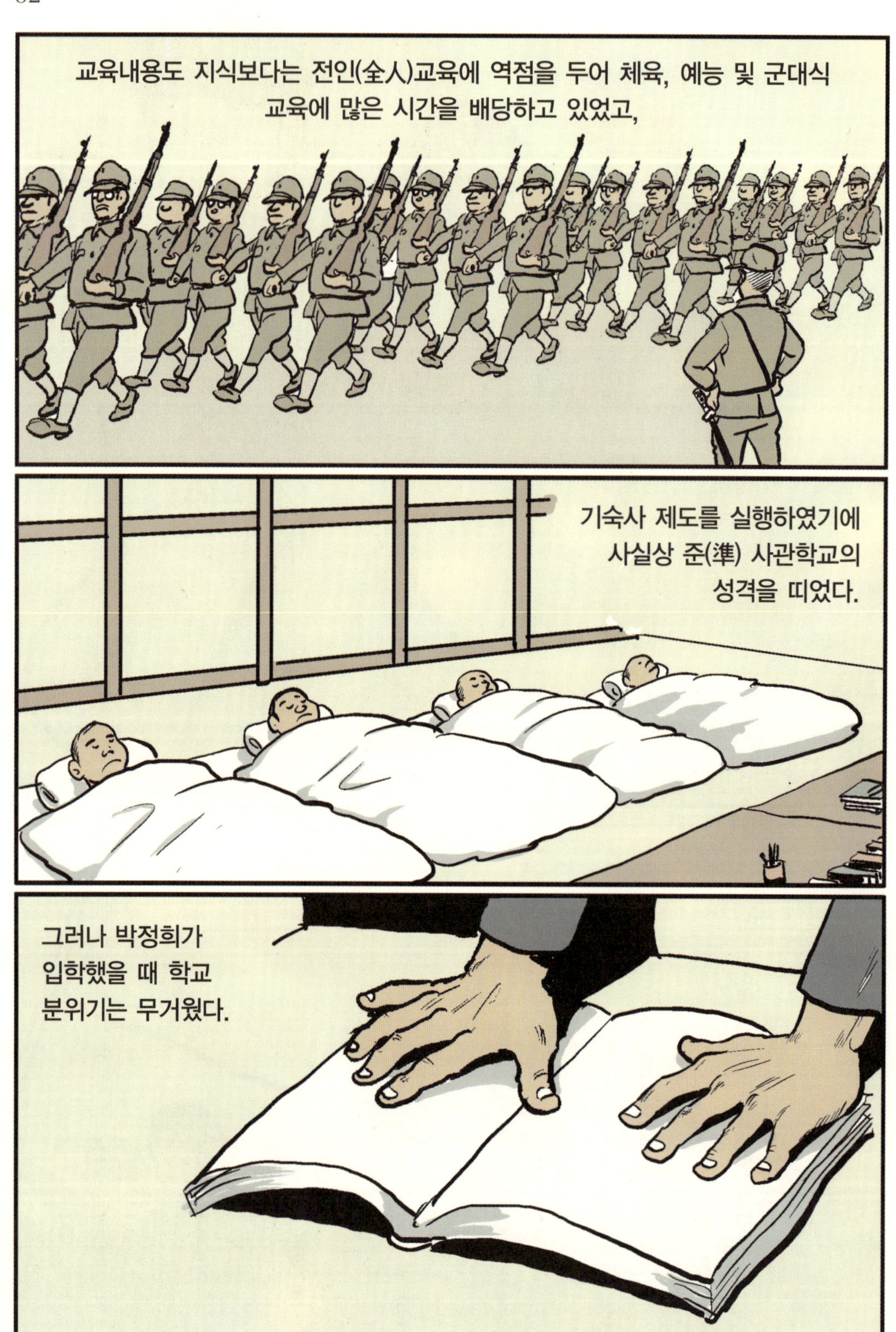
교육내용도 지식보다는 전인(全人)교육에 역점을 두어 체육, 예능 및 군대식
교육에 많은 시간을 배당하고 있었고,
기숙사 제도를 실행하였기에
사실상 준(準) 사관학교의
성격을 띠었다.
그러나 박정희가
입학했을 때 학교
분위기는 무거웠다.

그것은 현준혁
교사로 기인했다고
할 수 있었다.
현준혁! 그는 누구인가?
광복 후 김일성의
지시에 의해 암살당하는
공산주의자.
1929년 경성제대 철학과를
졸업하자마자 막 설립된 대구사범에
교사로 부임해 왔다.

그는 영어
담당이었으나
아는 것이 힘이다,
배워야 산다,
라는 말이 있다.

우리 민족은 무식해서
나라를 잃었다.

여러분들은 방학을 이용해서라도
한글보급 운동을 펼쳐서 우리
민족이 문맹에서 벗어나도록
해야 한다.

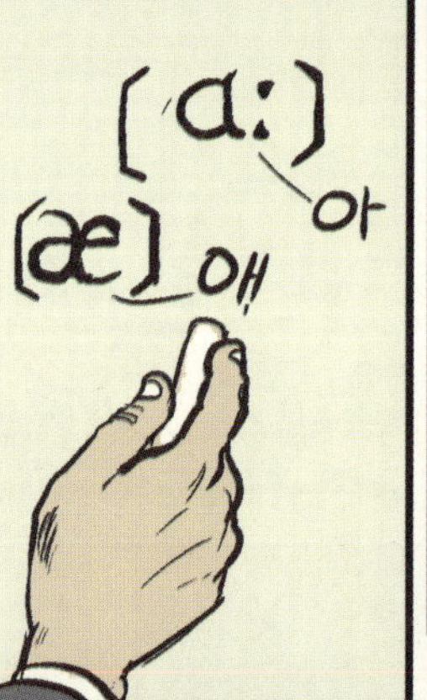
그는 영어 발음
기호도 꼭 한글로
표시해서 일본
학생들의 항의를
받기도 했고,
[ɑ:]
아
[æ]
애

학과와 관계없는 우리 역사를 알려주며
민족의식을 고취시켰다.

일본역사만 알고 제나라 역사를 배워보지 못한 학생들은 현(玄) 교사의 국사 강의를 통해 조국에 대한 의식을 싹틔웠다.

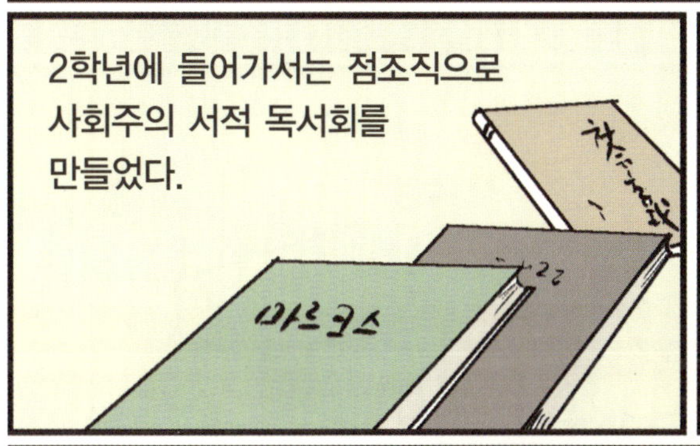
2학년에 들어가서는 점조직으로 사회주의 서적 독서회를 만들었다.

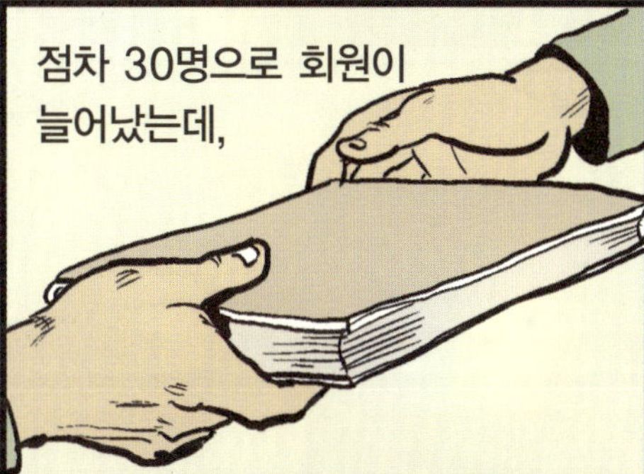
점차 30명으로 회원이 늘어났는데,

소등 후 이불을 뒤집어쓰고 손전등을 켜서 읽어가며 저항의식을 키워갔다.

당시 학생들은 자주 대구역에 불려나가 북상(北上)하는 일본군을 환송하곤 했다.

그러나 독서회 회원들은 침묵을 지켰으며,

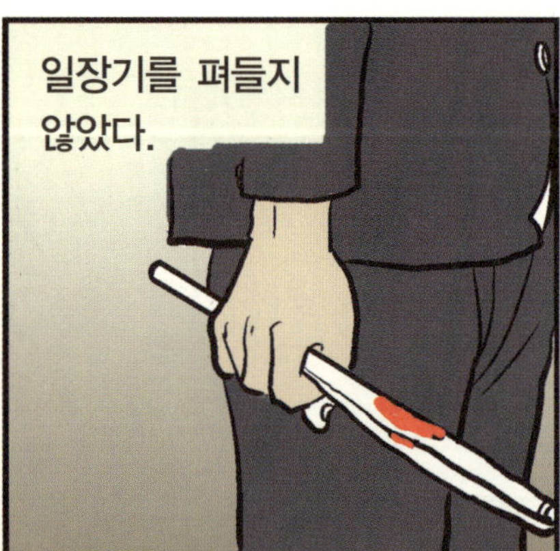
일장기를 펴들지
않았다.

기숙사를 뒤져!
쿠당탕

이것들은 모두
불온서적 아닌가?

이놈들을
모두 잡아들여!
하!

그리고 현준혁이를
체포해!

결국 독서회는 발각되어 현 교사가 구속되고
학생 27명이 퇴학처분을 받았다.

이보시오,
히라야마 교장!
이게 어찌된
일이요?
쾅
校長

학생들이
이 지경이 되도록
교장은 뭘했냐,
그말이오!
곤경에 처한
것은 히라야마
교장이었다.

그러나 그는 조선인 학생들을
비난하지 않아 조선인
학생들에게 인기가 좋았다.

입학 날도 학생들에게 일본어로
연설한 후

학부형들에게는 유창한 조선어로
연설을 해서 깊은 인상을 준
인물이다.

그가 전임지(前任地) 경성제2고보(경복고등학교) 교장 재임(在任) 시에 일본인 지도 교사가 관동대지진 사건을 언급했다.

* 관동대지진=1923년 9월에 도쿄를 중심으로 한 관동지방에서 발생한 대지진.

대지진 때 조선인들이 우물에 독약을 풀어서 소란이 더 커졌다.

아직 확인 안 된 소문만으로 단정해서 말하는 것은 옳지 못하오.

히라야마 교장은 민족차별을 하지 않았고,
자신이 담당한 수신시간에는
내가 책임지고 가르치는 여러분은 소인배가 아닙니다. 나는 여러분들을 대인(大人)으로 교육한다고 믿고 있습니다.
대인은 뚜렷한 마음으로 살아갑니다. 여러분들은 그 뚜렷한 마음으로 하고 싶은 일을 하고 살기를 바랍니다.
히라야마 교장은 그 후로 자주 구속된 현준혁 선생을 면회했다.

정희가 대구사범에
입학해서 놀란 일은
선배들이 후배에게 말을
놓지 않는 것이었다.
후배 여러분들은
조선인의 혼을
잊어서는 안 될
것입니다.

이번에 "개벽" 지가
나왔습니다. 후배님들끼리
몰래 돌려 보세요.
이런 식이었다.

당시에는 1년 선배만
되어도 군대처럼 기합을
주고 구타하는 것이
예사였는데 대구사범은
달랐다.

이런 대구사범의 영향을 받은 박정희가 훗날 대통령이 되어서도 청와대 보일러공에게조차 존칭으로 대한 것은 잘 알려진 일이다.

힘들지 않습니까?

앗! 예예, 각하!

어쨌든 현준혁 선생이 심어 놓은 독서회는
그 뒤로도 맥을 이어갔다.

금서(禁書)를 읽다가
퇴학 당하는 학생들도
이어졌다.
칙쇼!!!
현준혁이 뿌린
씨앗이 참으로
놀랍구나!

아무리 천황숭배의
신격화(神格化) 교육에도
학생들의 민족적 의분심은
식을 줄 몰랐고,

소설도 일본 소설은
의식적으로 피하고

민족신문이나 조선작가,
세계명작을 찾아 읽곤 했다.

현준혁 교사가 구속되어 떠난 후 학생들의 마음을 붙들어 준 것은 조선어를 가르치는 김영기 선생이었다.

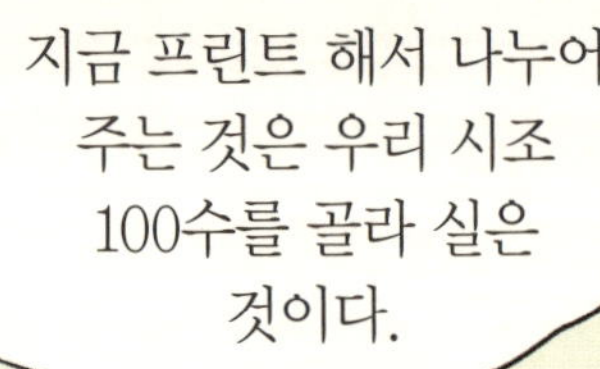

김영기 선생은 틈틈이 역사강의도 곁들였다.

이율곡의 십만양병설이 실행만 되었다면

과연 임진왜란이 그토록 참혹한 전쟁이 되었을까요?

그러나 조정은 당파싸움에만 몰두하고 이순신을 잡아 가두고…

이러니 어찌 나라가 망하지 않을 수…

말을 잇지 못한 김영기 선생은 한동안 흐느꼈고 학생 모두가 따라 울었다.

비로봉 사건

3학년이 된 박정희는 봄에 금강산으로
수학여행을 갔다.

그런데 일본인 주인의 대접이
시원찮았다.
이게 뭐야!
맛도 없이 부실한
일본식이잖아.

잠자리는 흙바닥에 가마니를
깔고 자게 했다.
어제 조선인이
경영하는 "태평여관"
에서는 대접이
좋았는데…

돈은 그곳보다
세배나 많이
받으면서
이건 조선인
학생이라고
무시하는거야.

학생들은 반항했다.

내일 도시락은 이 여관 것을 먹고 싶지 않으니 돈으로 돌려주시오!

반찬을 이미 만들어 놨는데 먹든 말든 돈은 내야 하므니다.

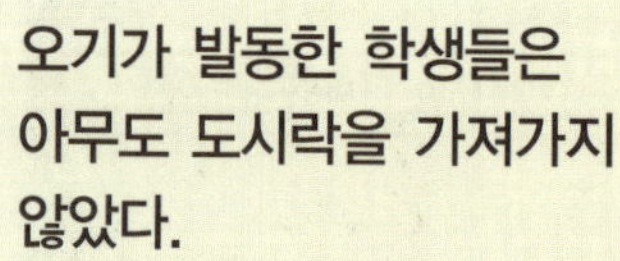

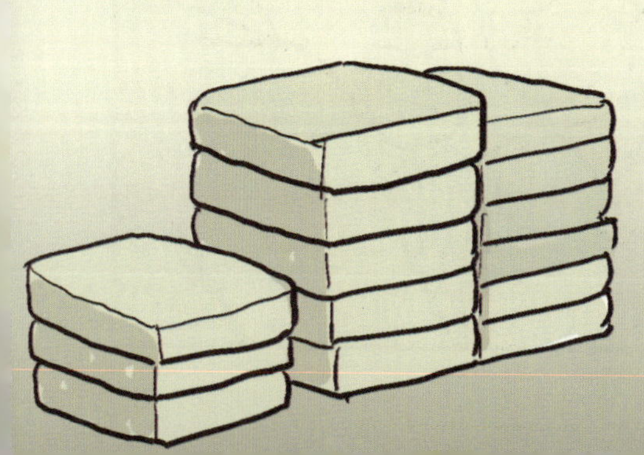

점심을 굶어가면서 비로봉을 구경하고 돌아온 이 일이 나중에 말썽이 됐다.

정명모, 정헌욱 두 사람이 주동자로 몰려
퇴학당하고 무기정학 1명, 다른 7명은
1주일간 근신처분을 받았다.

이른바 금강산 비로봉
사건이다.

박정희의 동기생 중 이정찬은
꼼꼼하고 빈틈이 없는 성격으로,
금강산 여행 중 상점과 공원
관리사무소마다 기념도장을 받아와서
스템프집을 만들었다.
이 스템프집에 친구들의 소감을
한마디씩 실었는데,
박정희가 쓴 글이
눈에 띄인다.

내용은 이러했다.

금강산 일만 이천봉, 너는 세계의 명산
아! 네몸은 아름답고 삼엄(森嚴)함으로
천하에 이름을 떨치는데
다 같은 삼천리 강산에 사는 우리들은
이같이 헐벗었으니 과연 너에 대하여
머리를 들 수 없다. 금강산아 우리들도
분투하야 너와 함께 천하에……

온정리에서 정희 씀

다른 학생들은 자연을 자연으로만 보는데 반해
박정희는 조국의 현실을 한탄했다.

꼴찌 학생

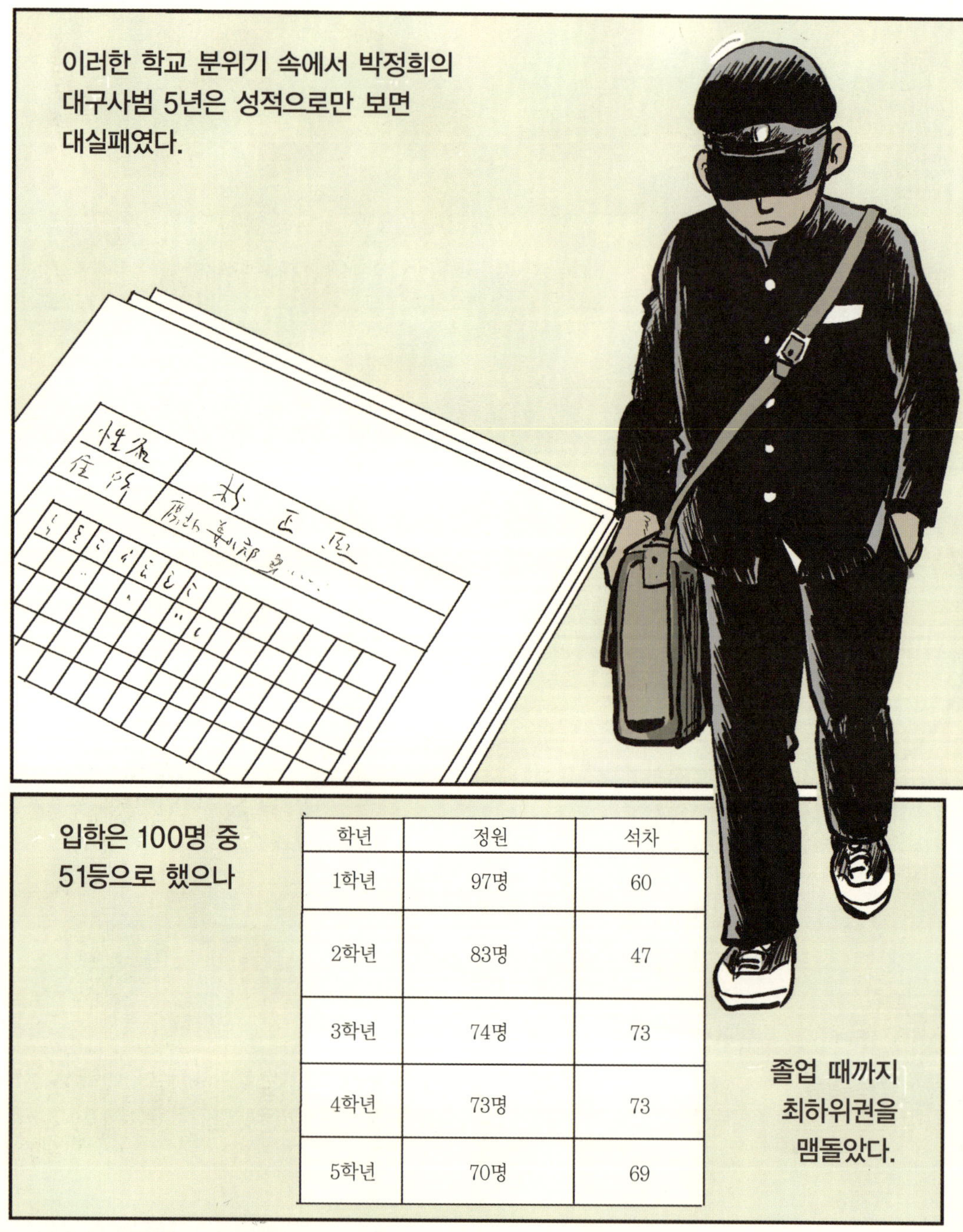

학년	정원	석차
1학년	97명	60
2학년	83명	47
3학년	74명	73
4학년	73명	73
5학년	70명	69

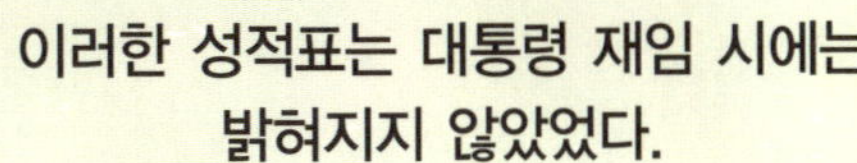

행동 평가도
수, 우, 미, 양, 가의
평점에서

1학년 양

2학년 양

3학년 양

4학년 가

5학년 양

이었다.

각 학년 담임은
그의 평가를
“음울하다”
“빈곤한 듯”
“활발하지 않음”
“불성실”
“불만 있음”
으로 기재했다.
단지 5학년 담임이었던 기시 선생만 평가를
보류하고 그 난을
비워두었다.

2학년 때는 10일
3학년 때는 41일
4학년 때는 48일
5학년 때는 41일을
결석한 걸로 나와있다.

타앗

평소 외톨이처럼 말이 없는 학생이었지만 방과 후에는 혼자 죽검으로 검도 연습 하기를 즐겼다.

대구 80연대에 들어가서 군사훈련을
받을 때 정희는 조교로 불려나와
시범을 보이기도 했다.

정희는 일본천황에 충성을
바치는 것을 목적으로 하는
교과 과목엔 관심이 없어
보였고, 오직 실질적
군사문화적인 것에
적극적이었다.

* 보쿠 세이기=박정희의 이름을 한자 그대로 일본식으로 읽은 것.

대구사범 교련주임
아리카와 중좌는 교련에 뛰어난
박정희를 총애했다.

보쿠 세이기를
소대장에
임명한다.

일본인이라고 조선에 와서 건방지게 행동하는 놈들을 나는 경멸한다!

그가 조선인 학생들 앞에서 일본인의 잘못된 자세를 비난했기에 의외로 인기가 있었다.

그런 그를 일본인 교사들도 무서워 할 수밖에 없었다.

정희는 군악대에
들어가서 제1의
나팔수로 활동했다.

언제나 시간만 나면 나팔을
불었고 나팔은 곧 정희의
일부가 되었다.

체조와 교련, 검도, 나팔만이
고독하고 음울했던 그의 심정을
달래 주었을까?

아! 오늘도 빈대와의
싸움으로 잠이나
제대로 잘지…

기숙사는
선후배를 고루
섞어 12명이
한 방을 이루었다.

어때요?
우리 입이 궁금한데
'가부시키' 나
하지요?
좋아요.
모두 5전씩
투자하지요.
'가부시키(주식)' 란 각자 돈을 출자해서 학교 밖으로 원정을 보내 과자나 빵 등을 사 와서 먹는 일종의 작은 회식을 의미했다.

기숙사비도 제대로 못 내는 정희는 '가부시키'에 낄 수 없었다.

의협심 강한 학생

말다툼이 끝내 폭력으로
이어졌다.

잘 나가는 주먹 석광수가
기집애처럼 얌전한 주재정의
머리를 맥주병으로
친 것이다.
어디 또 한 번
대들어 보그라!

주재정의 머리에서는 피가
흘렀지만 석광수가 두려워
아무도 나서지 못했다.

비겁한 놈,
맥주병으로 싸우다니!
다부진 정희가
나서서 석광수를
때려 눕힌 것이다.
주재정이 피가 흐르는 머리를 싸매고
병원으로 실려가서 며칠간 입원까지
하게 된 큰 싸움이었다.
이렇게 정희는 작고 말이 없는
꼴찌 학생이었지만 아무도 무시할 수
없는 카리스마가 있었다.

이런 일화도 있다.
대구사범과 대구고보가
축구 시합을 해서 1대0으로
대구사범이 이겼다.

화가 난 대구고보 주먹들이 대구
사범 응원부대를 혼내주겠다고 교문에
와서 진을 치고 있었다.

이 자석들
나오기만 해라.

정희야,
니 우짤라꼬?

大邱師範學校

어떤 놈이
먼저 나올끼가?
한 판 붙자!

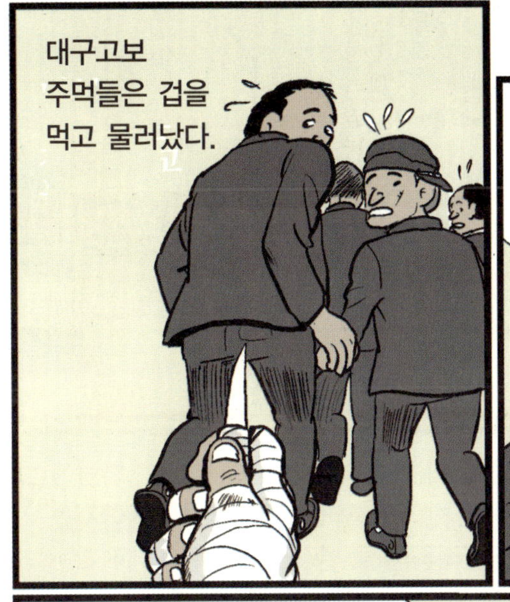
대구고보
주먹들은 겁을
먹고 물러났다.

야, 니는
우째 그런
용기가 났노?
내는 먼저
건드리지 않는다.

그러나 상대가 공격해올 때
비굴하지 않게 자존심을
지키려 들려면 이보다 더한
용기도 생기는 기다.

정희가 안보이는데
못봤나?
아마 또 집에
갔을거야.

박정희는 성적이 꼴찌를 맴도는 바람에 반에서 40등 이내에게만 주어지는 관비생이 될 수 없었다. 관비생에게는 매달 7원이 지급되었다.

그럴 때면 정희는 기숙사비를
구하기 위해 자주
집에 내려갔다.

나팔 소리가
들리는 걸 봉께
또 정희가 내려
왔는갑다.

방학도 아인데
와 저리 집에
자주 오는지
모리겠네?

그렇게 성적이 꼴찌를 맴돌면서 신기하게도 유급이 되지 않았던 것은 평균 점수가 60점 이하로 떨어지지 않았기 때문이었는데, 그 많은 결석을 하고서도 낙제 점수를 면한 걸 보면 머리가 좋다고 할 수밖에 없었다.

결혼

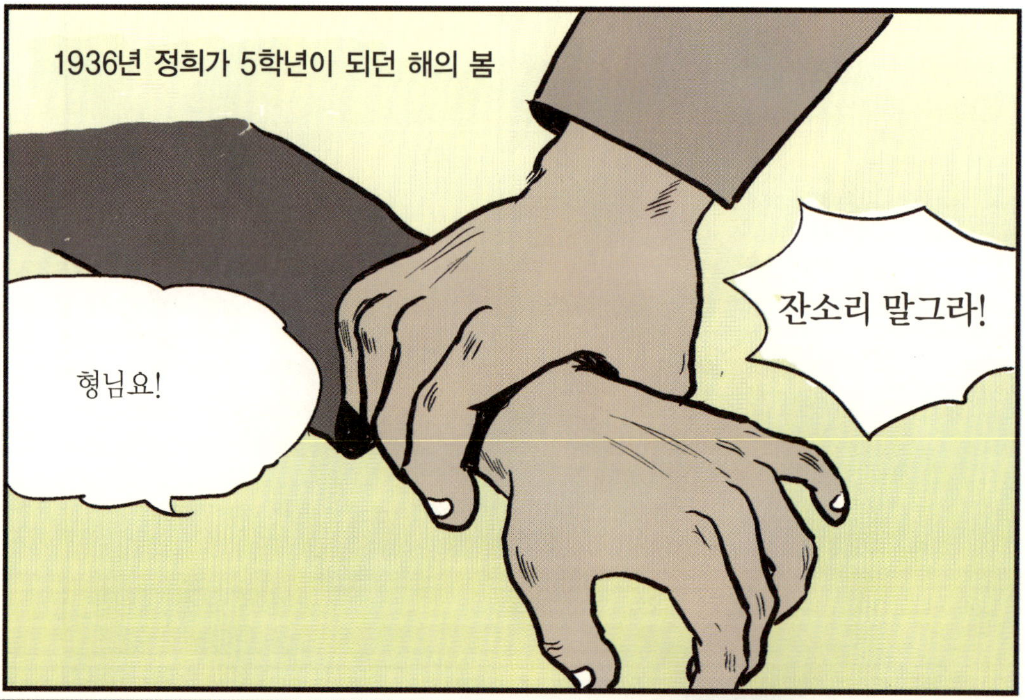

1936년 정희가 5학년이 되던 해의 봄

형님요!

잔소리 말그라!

낼이 니 결혼
날인테 와 안
내려오고 기숙사에
박혀있는기고?

형님,
지는 장가
안갈랍니더!

정희가 아무리 발버둥쳐도 막무가내였다.

상희형이 눈치를 채고 대구사범까지 와서
강제로 정희를 구미까지 데리고 왔다.

정희의 혼사 얘기가 나오자
동희, 상희 씨는 처음에
반대했었다.
졸업을 한 후에도
늦지 않습니다.
또 학교에서도 결혼은
금하고 있다 말입니다.
그렇습니다.
아버지 졸업 후에…
나 죽으면 그기
무신 소용이고?
이 불효 막심한 놈들!
병 중인 아버지
박성빈의 고집을
꺾을 수 없었다.

이렇게 정희의 강제 결혼식은 이루어졌다.

보통학교 과정을 가르치던
2년제 간이학교를 나온
것이 전부인 김호남은
키가 훤칠하고 잘 생긴
처녀였다.

마지못해 결혼식을
올린 정희는 아내를
상모리 오두막집에 데려다
놓고 달아나다시피
대구로 왔다.

사실 대구사범 학생 중에는 정희처럼
학교와 학생 몰래 부모의 강권에 의해
결혼한 친구들이 더러 있었다.

나중에 정희는 “결혼식 날에는
달아날 궁리만 하고 있었다.”고
털어놓았다.

어쨌든 정희는 곡절 끝에 유급이나 퇴학을
당하지 않고 대구사범을 졸업한다.

지식인의 인생행로

황민화(皇民化)를 목적으로 하는
대구사범에서 학생들은 오히려
식민 치하의 현실을 뼈에 삭였고,

특히 사회주의자 현준혁 선생이
일으킨 독서사건을 계기로
민족의식을 더욱 키워나갔다.

당시 조선 지식인 사회를 주도하는
사회주의 경향으로부터

박정희 역시 완전히
벗어날 수는 없었다.

소작농 출신의 가난한 학생이 마르크스와
레닌을 강건너 불보듯 할 수는
없었을 것이다.

또한 당시에는 민족해방
문제의 돌파구 중
하나가 사회주의였기에
그러했다.
사회주의
그러나 나라는 없어진지 오래고
시대상황과 현실은 냉혹했다.
대구사범 4기생의 명단을 놓고 졸업 뒤에
그들이 살아간 과정을 살펴보면 격동기 현대사의
질곡이 나이테의 단면처럼 나타난다.
월북
납북
행불
학병
빨치산
암살
변호사
회장
경찰서장
과학자
군인
교수
교육감
주필
대구사범4기

4기생들의 경력과 경험 등은
이들이 헤쳐가야 했던
격동기 세월의 자국이었다.

형은 우익의 총에

아내는 좌익의 총에

자신은 부하의 총에…
그것은 박정희만의
특별한 삶이 아닐지도
모른다.

또하나, 대구사범
나팔수 3인의 운명이
상징적으로 말해준다.

그 중 김국진은 평범한
교육자 생활에서 물러나
과천에서 산다.

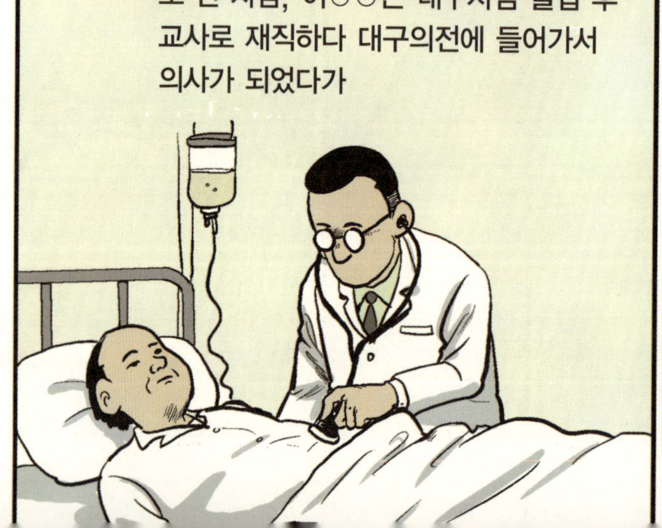
또 한 사람, 이○○는 대구사범 졸업 후
교사로 재직하다 대구의전에 들어가서
의사가 되었다가

해방 후 남로당에
가입했다.

6 · 25 인천상륙작전 후 지리산으로
들어간 그는 빨치산 부대의 의료담당
부장으로 활동했다.

그러다 토벌군에 포위되자
자살하기 위해 심장을 향해
발사한 두 발의 총알이 빗나가는
바람에 포로가 되었고,

지금은 대한민국 국민으로 서울에서
여생을 보내고 있다.

그리고… 박정희

대구사범 4기생과 같은
시기(1932~1936년)에 도쿄
제국대학 법학부를 다녔던 조선인
10명이 있었다.

이들 모두 고등문관시
험에 합격했고,

그 중 한 사람을
제외하고는 모두
일제(日帝)의 관리가
되었다.

이들 9명
관리의 운명도
다양했다.

이충영
장수길
장경근
납북
월북
망명

오직 정상적인
삶을 살며
천수를 누린
사람은
한 명 뿐이다.

이처럼 엘리트 교육을 받은
조선인들은 그 교육과
지식 때문에 서민 대중보다
더 많은 상처를 받았다.

문경 보통학교 시절

새로 오신 박 선생님
방이 너무 썰렁하다
그제?

그런데
저 사진은
누고?

서양사람
아이가?

너거 거서 뭐하노?

남의 방을
말라꼬
디다보노?
이 가시나들아!

죄송합니더.

새로 오신
선생님이
궁금해서요.

자! 새로 부임해 오신
박정희 선생님을
소개합니다.
잘 부탁합니다. 
박정희입니다.
문경 보통학교는
10여 명의 선생님이 있었고
조선인 선생님은 2~3명이었다.

문경은 산으로 둘러쌓인
산골 소읍이다.

박정희는 문경에서
엄격하면서도 자상한
선생님으로 통했다.

당시의 선생님들은 학생들과 거리를 두어 권위를 지키려는 것이 보통이었으나 박정희는 달랐다.

박 선생님은
아이들과 할 얘기가
저리 많은지 원…

이녀석들이
아직 나폴레옹을
모르고 있구나.

나폴레옹은
프랑스 식민지였던
코르시카라는 작은
섬에서 태어나…

교사로서의 박정희는 웃는 모습도
자주 보이며 동심으로 돌아간 듯
학생들과 자주 어울려서

학생들에게 많은 추억을 남겼다.
너희들 우리끼리 있을 때는 조선말로 하기로 하자.
선생님요, 그라다가 퇴학 당할낀데예.
이런 겁쟁이
그런 한편

선생님요,
청소 다 마쳤습니다.
검사해주이소.
그래,
어디 가보자.
쓰윽

먼지가
이렇게 많은데
다시!!
아이고
선생님은 너무
까다롭다카이.
건전한 정신은 건강한
몸에서 싹튼다.
건강한 몸을 위해서는
우리가 사용하는
교실부터 깨끗해야해.

그러면서 아이들과 함께
어울려 청소를 하곤 했다.

샘요!
이쪽 높은곳
좀 닦아
주이소.
알았다.

박정희는 특히
청소에 철저했다.

자신이 거주하는 하숙방은 물론이려니와 그의
발길 닿는 주변은 항상 정리정돈이 완벽했고 깔끔했다.

당시의 문경 사람들은
박정희의 나팔소리에 하루를
시작했다고 한다.

빨리 쇠죽을
끓여야지예.
참 박 선생은
부지런도 하지.

새벽 장닭이
필요없다카이.

진님교(진남교) 아래가 소풍지였다.

점심 후 오락시간과 자유시간이 주어졌다.

선생님
큰일났습니다!

정극모가 물에
빠졌습니다!

아이를 삼켜버린 폭이 100m나 되는
깊은 냇물은 물살이 셌다.
우짜꼬,
극모가 죽겠십니더!
극모야!
엉엉!

박정희가 몸을 날렸다.

우야꼬?
선생님도 안보인데이!
엉엉엉!

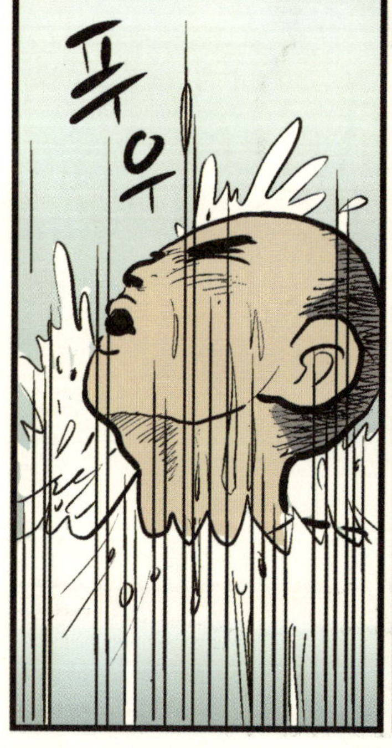
푸우

정극모는 다 죽어있었다.

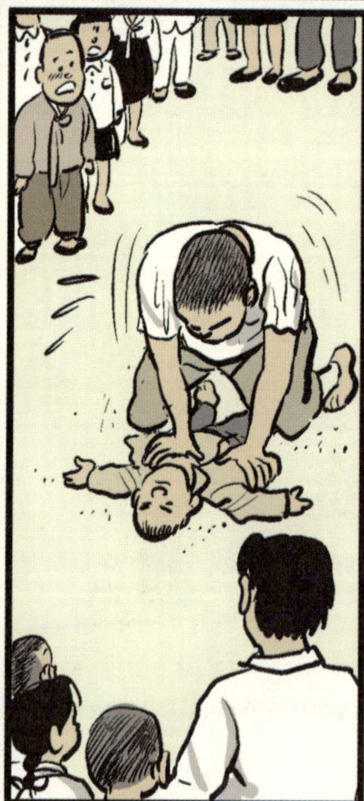

그때 아이들은 박 선생님이
하느님처럼 고마웠다고 회상했다.

눈이 오는 날 체육시간이었다.
아이고 추버라!
눈오는데 무신 체육이고?
선생님 추분데 교실에 드가입시더.
그래요, 선생님!
마침 체육수업이 마지막 시간이었다.

좋다. 지금부터
맨손으로 눈송이를 잡아
오는 사람은 오늘
일찍 집에 보내준다.
참말입니까?
아이들은 제각기 흩어져서
열심히 눈송이를 잡는다.
잡았다!
선생님
여기 눈송이
잡았습니다.
보자.
엥!!
다 녹았잖아.

녹기 전에
빨리 잡아와야지.
요놈!
요놈!
잡아오면
또 녹고,
또 잡고
그러는 사이에
아이들은 신이 났다.

아직도 춥니?

어데예 하나도 안춥습니다

박정희는 이렇게 때로는
장난으로, 때로는 꾸짖으며
아이들과 어울려서 따르는
학생들이 많았다.

5-1
5-2
너희들
태극기가 어떻게
생긴 줄 아니?
태극기?
일장기 말고
국기가 또
있습니껴?
지금부터 조용히
해야 한다.
?
?
?
반장?
예!

복도에 나가서 누가
오나 감시를 하고
있어라.
알았습니다.

이것이 태극기이다.
우리 민족을 상징하는
국기인 것이다.
보초를 복도에 세워두고
학생들에게 태극기에
대해 설명했다.
그리고 우리나라
역사를 튼튼이
가르쳐 주었다.
우리는 조선사람이다.
우리 글과 우리 역사를
알아야 한다.

박정희가 숙직근무를 할 때는
언제나 아이들이 찾아오곤 했다.

선생님,
저희들 왔십니더.
그래,
어서들 오너라.

숙직실에는 늘 과자가
준비되어 있었다.

와!
과자다.
선생님,
고맙습니더!

박정희는 아이들에게
과자를 먹이면서 우리
역사를 가르쳐주곤 했다.
마치 현준혁 선생이
그러했던 것처럼…….

이순신 장군은 왜군에 대항하기
위해 거북선을 만들었단다.
물론 이순신 장군에
관한 이야기도 빼놓지
않았고 직접 거북선을
그려 보였다.
일본의 영웅들로 알고 있던
인물들이 이순신 장군에게
패주하는 설명을 들을 때
아이들의 충격은 컸다.
이 거북선은 물속으로
잠수를 했다가
왜선 밑에서 솟아오르면
왜선은 산산조각 나고

거북선 입에서는 불을 뿜어 왜선을 불태우고,
와
거북선에 기어오르는 왜군은 거북선 등에 솟아난 송곳에 찔려 나가 떨어지곤 했지.
박정희가 몸짓 연기를 해가면서 설명할 때는 흥분의 절정을 이루곤 했다.
와!! 신난다!

선생님,
질문 있심더.
뭐냐?
이순신 장군이
왜군을 저리 몰아냈는데
와 조선은 망한 깁니까?
!
박정희는 한동안
할 말이 없었다.

……
너희들은 앞으로 무슨 일이 있어도 일본사람에게 져서는 안 된다.
우리 조선사람이 약하지 않다는 것을 보여 주어야 한다.
그러기 위해서는 더 열심히 공부를 해야 하고……

일본인 선생님들

조선 여자들은 부끄러움도 없나?

미개인처럼 젖가슴을 내놓고

너희들 들었지?

키득 키득

너희들은 저 말 잘 새겨 들어야 한다.

우리가 부끄러운 것이 무엇이고 고쳐야 할 것이 무엇인지!

일본인 가토 선생이 있었다.
이번 시간은 작업을 해야겠으니 나를 따라오너라.
가토 선생은 실습을 가르치는 '직업' 선생이었다.
가토 선생! 지금은 조선어 시간입니다.
왜 조선어 시간에 일을 시키려 합니까?
아니 박 선생……

입김이 센 일본 선생이라도 부당한 일에는 참지 못하는 것이 박정희였다.

애들아 들어가서
수업하자.

……

가토 선생과는
이런 일도 있었다.
국기(일장기)는 나라를 상징하는 것이다.
그래서 국기는 존중의 대상이 되어야 한다. 그런데,
오늘 나는 땅에 떨어진 일장기를 여러분이 밟고 가는 것을 보았다.
나는 그것을 보고 참을 수 없는 눈물을 흘렸다.
아무리 작은 국기일 망정…
……

국기에 대한 존엄심을 심어주기 위한 조례 시간이었다. 조례가 끝나자 교무실로 들어가는 가토 선생을 박정희가 뒤따라 갔다.
툭
?
가토 선생, 정말로 눈물이 났소?
그… 그거야
애들한테 가르치려다 보니
그러면 안 되죠.

거짓말로 가르쳐서야
어찌 선생님을 믿겠소?
에이 그냥
넘어 갑시다.
허허
박 선생님께 쩔쩔매는
가토 선생을 뒤에서
본 학생들은
아주 고소했다고
회상했다.
또 이런 일도 있었다.
드르륵

오이! 교장 있는가?

……

박정희는 교무실 맨 끝에
자리하고 있었고,

체구가 작고 까무잡잡해서 사환으로
오해 받을 때도 있었다.
내 말이 안 들려? 교장 어디 있냐고 묻잖아!

저, 누구신지?
기다리세요.
교무실에 들어올 땐
그 담뱃불부터
끄고 오시오.
건방지게
누구보고
아니!
너 말 다했어!
어쩔테요?
꽤 거드름을 피우는 걸 보아서
행세께나 하는 일본인 같았고 곧
주먹이라도 날아올 기세였다.

이거 보시오!

교장선생님과
어떤 사이인지
몰라도

그렇게 막 불러도
되는 겁니까?

당신들은 걸핏하면
일등국민이라고 자처
하는데 먼저 교양있는
국민이 되시오!

이처럼 원칙을 지키려는 박정희는 특히
일본인들과 마찰이 잦았고 동료교사
또는 일본 순사들과도 갈등이 많았다.

훗날 박정희가 만주군관학교에
가게 된 것을 두고 아리마 교장과
싸우고 교사직을 그만두고
만주로 갔으며,

나중에 군인이 되어서 문경으로
돌아와 아리마 교장과 경찰서장에게
복수를 했다는 설도 있다.

한 술 더 떠서 독립운동의 힘을
기르기 위해 만주군 장교가 됐다는
신화로까지 발전했다.

그러나 모두가 대통령을 미화시키기
위해 유포된 설인 듯하다.

박정희가 아리마 교장과의 다툼이
있었던 것은 분명해 보인다.
도 시학(장학사)을 접대하는
술자리가 있었다.
하하 여러 가지로
수고가 많습니다.
조선에서
교육자로의 애로가
많으시겠소이다.
그거야
어느 정도
각오한 일,
센징들이야
원래부터……
!
센징은 조선인을
경멸하는 말이었다.
교장선생님!

교장선생님께서 그런 말을
입에 담을 수 있습니까?
일본은 내선일체로
영미 귀축을 몰아내자는
것 아닙니까?
그런데 조선인을
모욕하는 말을
하시다니!
아…
아니 박 선생…
내가 무심결에……
이것은 천황의 뜻을
그르치는 것 아닙니까?

화가 난 박정희는
자리를 박차고 나와버렸다.
아니! 박 선생

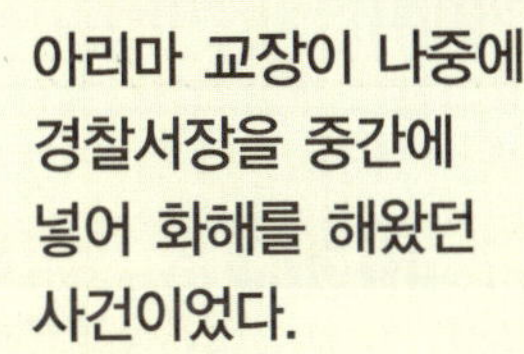
아리마 교장이 나중에
경찰서장을 중간에
넣어 화해를 해왔던
사건이었다.

이처럼 박정희의
불같은 성격으로
크고 작은 마찰은
있었으나

가까이 지내는 일본인
교사도 많았다.

운동회날 교사와 학부형이
섞여 100m 달리기를 했다.
땅

와와
와와

일본인 교사 쓰루다가 1등이었고
박정희가 2등을 했다.

그후 박정희는
열심히 달리기 연습을 했고

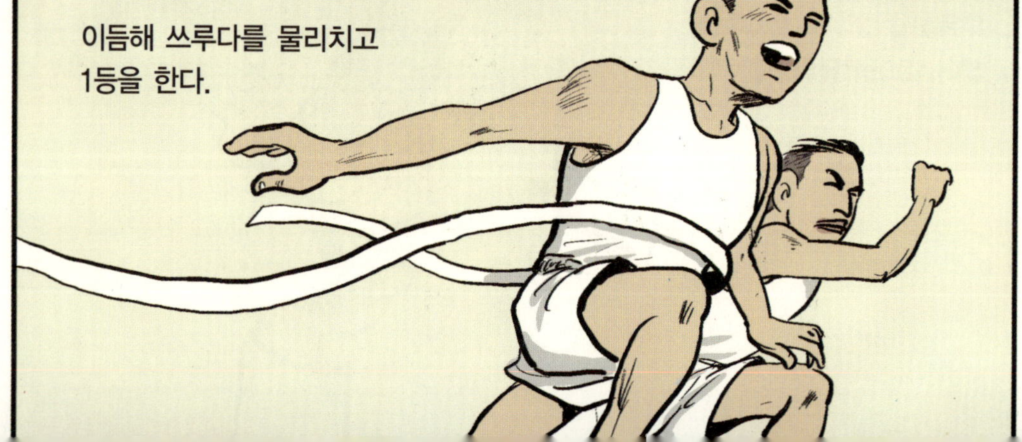
이듬해 쓰루다를 물리치고
1등을 한다.

두 사람 다 체육에
일가견이 있는
라이벌이었지만
서로가 존중했다.

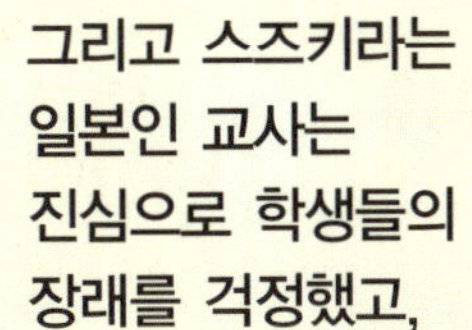
그리고 스즈키라는
일본인 교사는
진심으로 학생들의
장래를 걱정했고,

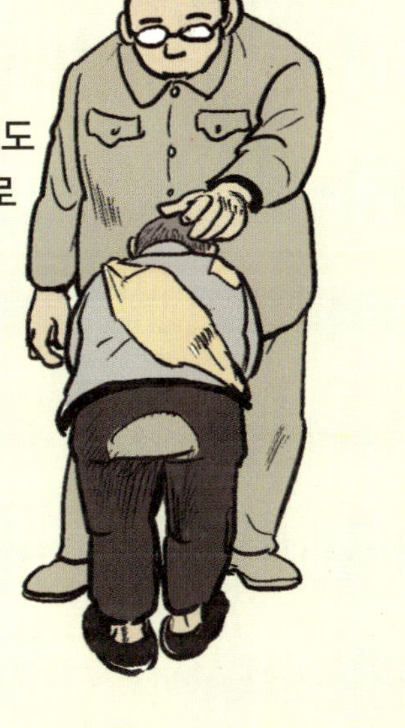
상급학교 진학에
도움을 주어서
조선인 학생들에게도
잊지 못할 스승으로
남아있다.

물론 이런 선생님들과의
사이는 원만했다.

가정 방문

박정희는 가정방문을
잘 하는 선생님으로도
유명했다.

문경의 가난한 농촌마을이
고향 상모리 마을과 다름없이
느껴져서였을까?
아이고
박 선상님
명자 아버님

학부형들과 스스럼없이
어울렸다.

특히 성적이 떨어지는 아이나 가난한
아이의 집을 자주 방문했다.

영배야이~
괜한 신경쓰지
말라카이.
아입니더.
꼭 오실끼라
카이까네예.

우리집에도
가정방문 오신다
했단 말입니더.
아이고

그기사 부러 하시는
말씸이지 이리 먼데
꺼정 오시겠나,

아!

가난한 벽촌에 막걸리와 풋고추 안주를 대접한 것이 전부였지만, 주영배는 12km나 떨어진 자기집까지 찾아오신 일을 평생 잊지 못했다.
죄송합니더! 참말로 오실 줄 알았으모 이리 소홀케는 안할낀데……
별 말씀을
영배야, 너는 장차 커서 뭐가 되고 싶노?
그카믄 선생님은 이담에 뭐가 되고 싶습니까?
하하 이녀석 봐라
난 말이다 ……

난…
나중에 봐라.
대장이 될거다.
전장에 나가서 용감히
싸워서 이기는 대장이
될거다!
와! 그라마 선생님은
안 할 낍니꺼?
박정희는 주영배 학생에게
마음의 일단을 내비친
적이 있었다.

"산모퉁이를 돌아가는 선생님의
모습을 보며 울고 싶도록 감사했어요."
〈주영배 씨의 회고담〉
박정희는 결국 군인의 길을 걷게 되고
나중에 주영배 학생은 학교
교장선생님이 된다.

박정희가 술을
마시기 시작한 것도
이 무렵이었다.

시골 주민들과 스스럼 없이
어울리며 막걸리 마시기를 즐겼고
박 선상님!
이리 오시이소.
탁배기 한 잔
하입시더!
좋지요!

하숙집 마당에서도 이웃주민과
막걸리 판을 자주 벌였다.
아주무이도
이리 와서 한 잔
받으시이소.
그래
보까?

때론 양동이로 막걸리를
받아놓고 마실 정도로
많이 마셨다.

황성옛터에
밤이되니 월색만
고요해 ~~

안주는 풋고추와 생배추에
된장이 고작이었다.

궁정동 만찬장의
모 양주가 박정희를
상징하는 술처럼
소문난 적이 있었으나,

사실 박정희는 양주보다 토속주를
더 즐겨마시곤 해서 새마을운동 당시에도
스스럼없이 농민들과 어울려 막걸리를
마시는 모습을 자주 보여주곤 했다.

때문에 모두들 혼자 하숙하는
박정희를 총각선생님으로만
알고 있었다.

이보시오 박 선생,
내 사위가 되시오.
예?!

제자 정순옥의 아버지였다.
서울에
내 큰딸이
살고 있소.

그러니 앞으로
아버지라고
부르시오.
형님으로
모셔야지요.

그때 이미 아내 김호남은
딸 재옥을 낳았다.
하지만 박정희는 여전히
아내에게 정을 붙이지
못해 겉돌았다.
방학이 되어도 고향에
가지 않게 되자 어머니가
문경까지 찾아오곤 했다.
니가 이래선
안 된다.
어서 집에 가자.

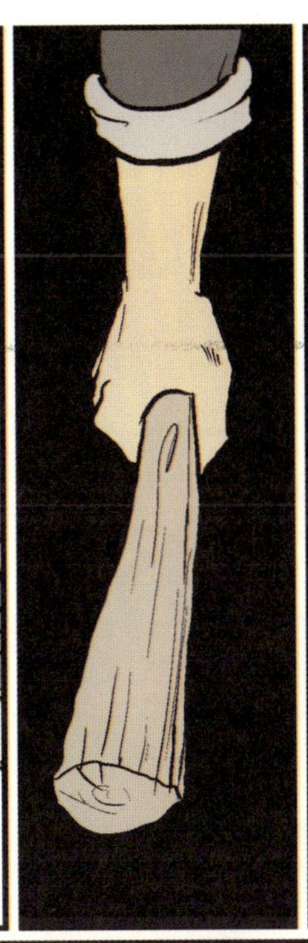

정희를 불러들인 상희 형이 방문을 잠궈놓고 매질을 시작했다.

제수씨가 재옥이를 혼자 키우면서 저 고생을 하는데 집에 와서도 어댈 쏘다니는 기고?

와장창

앙앙

정희는 다음날로
문경으로 가버렸다.

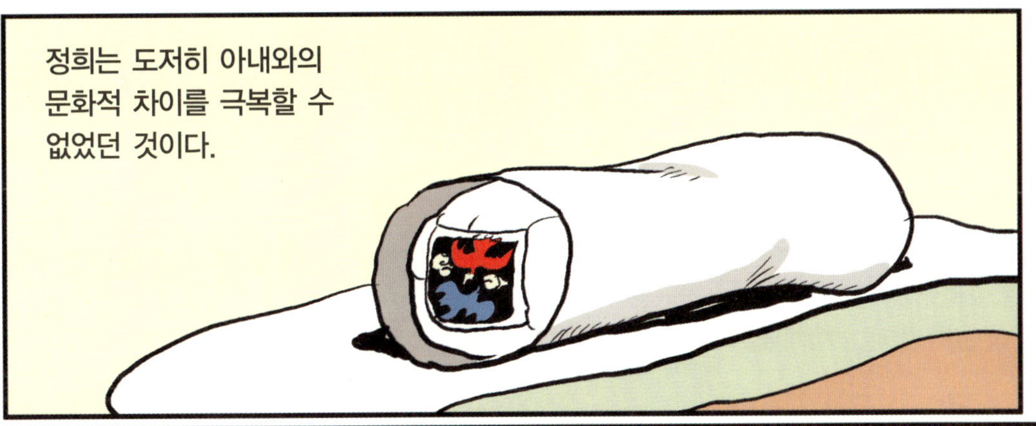

박정희가 도피하듯 만주 군관학교로
떠난 것은 아내에게 정을 붙이지
못한 탓도 일부 있었다.

혈서 사건

1938년 당시 박정희는 하숙을
옮겨 학교 기숙사에서 기거했다.

그해 4월초 문경보통학교에
유중선 교사가 새로 부임해왔다.

저어…
박 선생님.
?

사실 제 아내가 임신
중이라서 처가에 가있는
관계로 혼자 지내고 있는데
같이 숙직실을 쓰면
안 되겠습니까?
생활비도 절약되고
혼자 외롭지도 않을 것
같아서……
그럽시다.
이래서 유중선 교사와
숙직실에서 같이 기거하게
되었다.
박 선생은
말이 없는 사람이군.
과묵해.

박 선생은 어쩌다가 교사가 됐습니까?
무슨 뜻이오?
아니… 뭐 그냥… 웬지 선생님이 되신 것이 이상해서…
제가 보기엔 교사보다 군인이 더 어울리실 분 같아서요.
성품도 강직하고 절도있는 행동도 그렇고
허허, 내가 괜한 소리를 하고 있는 것 같군요. 오해는 마시오.

사실 저도
그 때문에 고민을
하고 있습니다.
그래서 일본 육사에 가고
싶은데 나이가 많아서
역시
그렇군요.
그럼 만주
군관학교는
어떻습니까?
거기 역시 덜
엄격하다고는 하나
나이가 걸립니다.
……
박 선생 형님이 고향에서
유지시라면서요?
예, 저는
그 형님을
존경합니다.

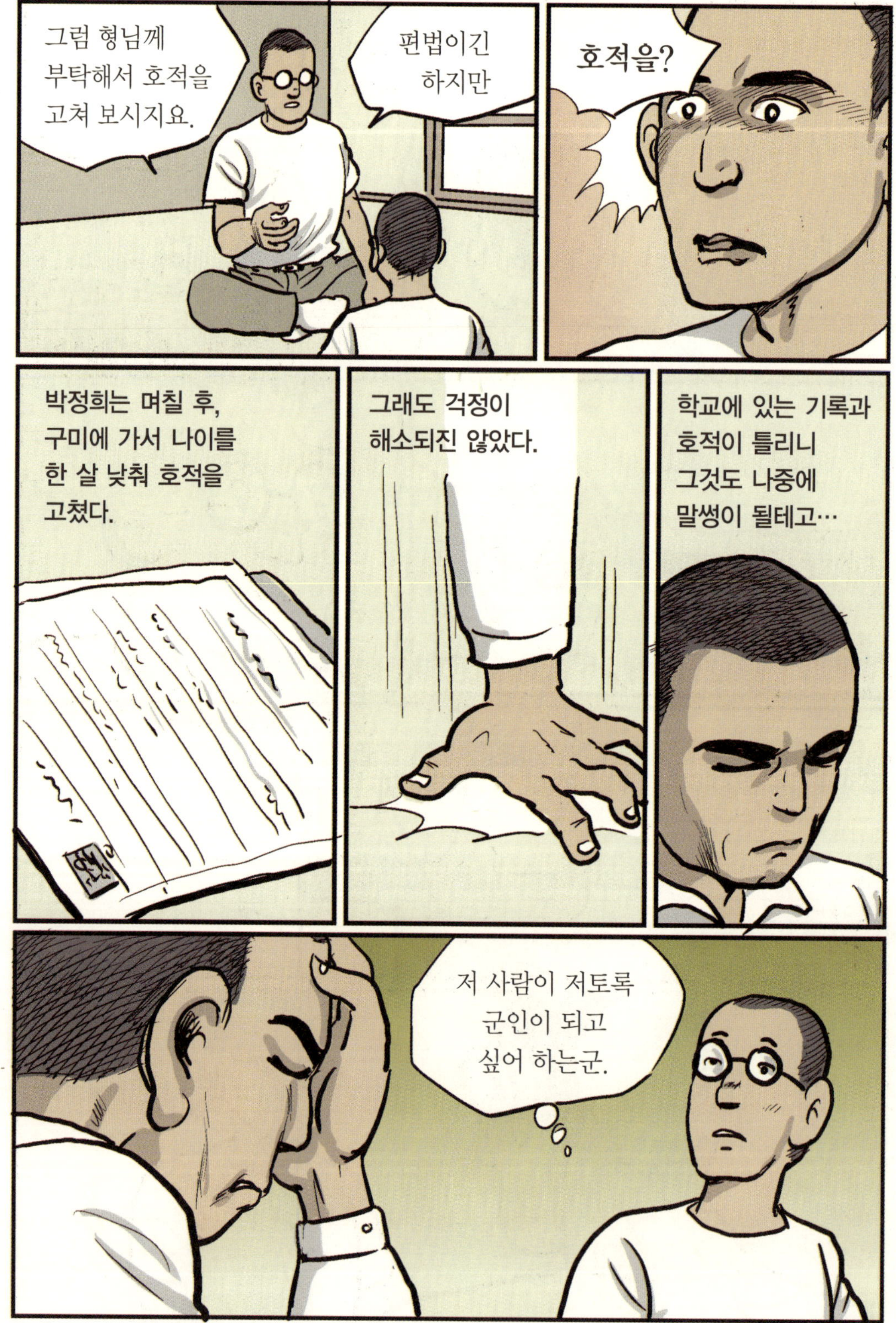
그럼 형님께
부탁해서 호적을
고쳐 보시지요.
편법이긴
하지만
호적을?
박정희는 며칠 후,
구미에 가서 나이를
한 살 낮춰 호적을
고쳤다.
그래도 걱정이
해소되진 않았다.
학교에 있는 기록과
호적이 틀리니
그것도 나중에
말썽이 될테고…
저 사람이 저토록
군인이 되고
싶어 하는군.

유중선이 엉뚱한 제안을 했다.
박 선생님, 이런 방법은 어때요?

군인이 되고 싶은 그 열망을 혈서를 써서 나타내는 겁니다.
혈서?!

만주 군관학교에 보내면 열의에 감동해서 혹시……
!
좋습니다. 그렇게 해 봅시다!

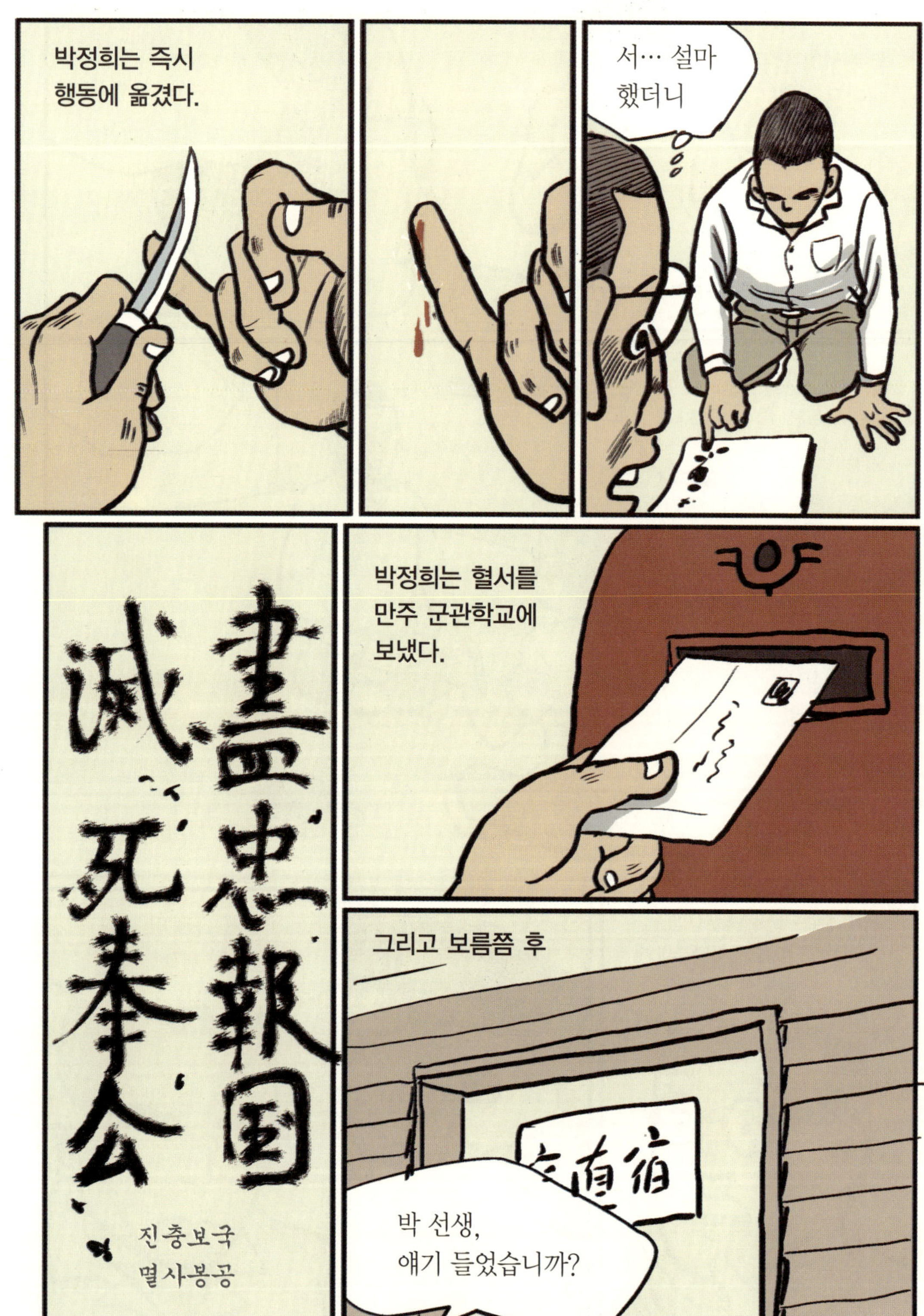
박정희는 즉시
행동에 옮겼다.
서… 설마
했더니
盡忠報国
滅死奉公
진충보국
멸사봉공
박정희는 혈서를
만주 군관학교에
보냈다.
그리고 보름쯤 후
박 선생,
얘기 들었습니까?

박 선생이 보낸 혈서가
만주에서 발간되는
신문에 실렸답니다.
!

아니,
신문에까지?
그쪽에 아는
사람이라도
있나요?
사범학교 때 교련
주임을 한 아리카와
중좌가 그곳에 계신
걸로 압니다만……
그 분의 입김이 작용
했을까요?

그로부터 며칠 뒤
아리카와로부터
한 통의 편지가
왔다.
군인이 되고 싶으면
한 번 다녀가라는
내용이었다.

박정희는 아리카와를
만나기 위해 만주로 갔다.
보쿠 세이기
잘왔네!
난 자네가
꼭 군인이 될 줄
알았네.
아리카와는 대좌로
승진해서 관동군
제3수비대에서
근무하고 있었다.
第 3 守備隊
내가 시험을 볼 수 있도록
해 볼 테니 응시하게.

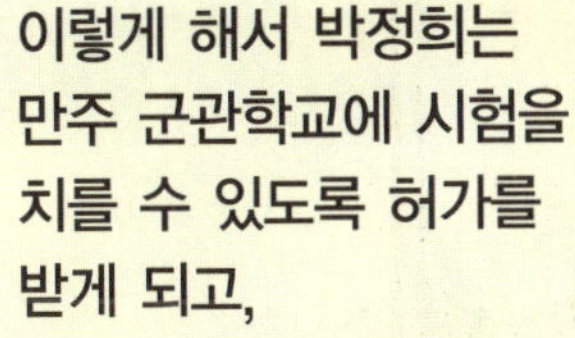

육군 군관학교 제2기 예과생도
채용고시 합격자 240명(조선인
11명이 포함된 만주계) 가운데
15등으로 합격했다.
이한림(전 1군 사령관)은
20등으로 합격했다.

18	17	16	15	14	13
毛長平	林艺良	張虎	朴正熙	朱可爲	王徐方

선생님!

오, 너희들!

공부 열심히
해라. 훗날 만날
날이 있을
것이다.

박정희가 문경을 떠나던 날, 많은 유지들과 학부모, 학생들이 버스 정류장에 나와서 전송했다.

뭐라꼬?!
니 참말이가?

사회주의로 항일운동을 하는 상희형은 군인이 되려는 정희가 못마땅할 수밖에 없었다.

교사라는 안정된 직업을 와 팽개치고……

용서하십시오, 형님!

죽어도 더 이상 선생은 못하겠습니다.

제수씨와 니 딸은 어떡하라고 만주로 간단 말이고!

늙으신 부모님이 고향에 계시는데 몹쓸 놈!

그러나 이미 만주행을 굳힌 정희를 누구도 막을 수는 없었다.

정희는 네 살 위인 누님 박재희 씨를 찾았다.

정희야, 니 참말로 떠날기가?
미안합니다. 난 누가 뭐래도 군인이 되고 싶습니다.
누님, 여비 좀 마련해 주이소.
누님에게 얼마의 여비를 받아든 정희는 그 길로 만주행 열차를 탄다.

아내와 어린 딸이
있는 본가에는
들리지 않았다.

도무지 남과 같은 아내와는
작별의 필요성을 느끼지
못해서였을까?

아니, 오히려 그 아내에게서
도망치는 심정이 더 강했는
지도 모를 일이다.

만일 박정희가
단란한 결혼생활을
하고 있었다면 과연
만주행을 결행했을까?

정희야!
어머니!
역 미 구

3월…
그러나 아직 매서움을 잃지 않은 바람끝이 그날은 유난히 어머니의 옷깃을 파고 들었다.

그것은 정희 역시 마찬가지였으리라.

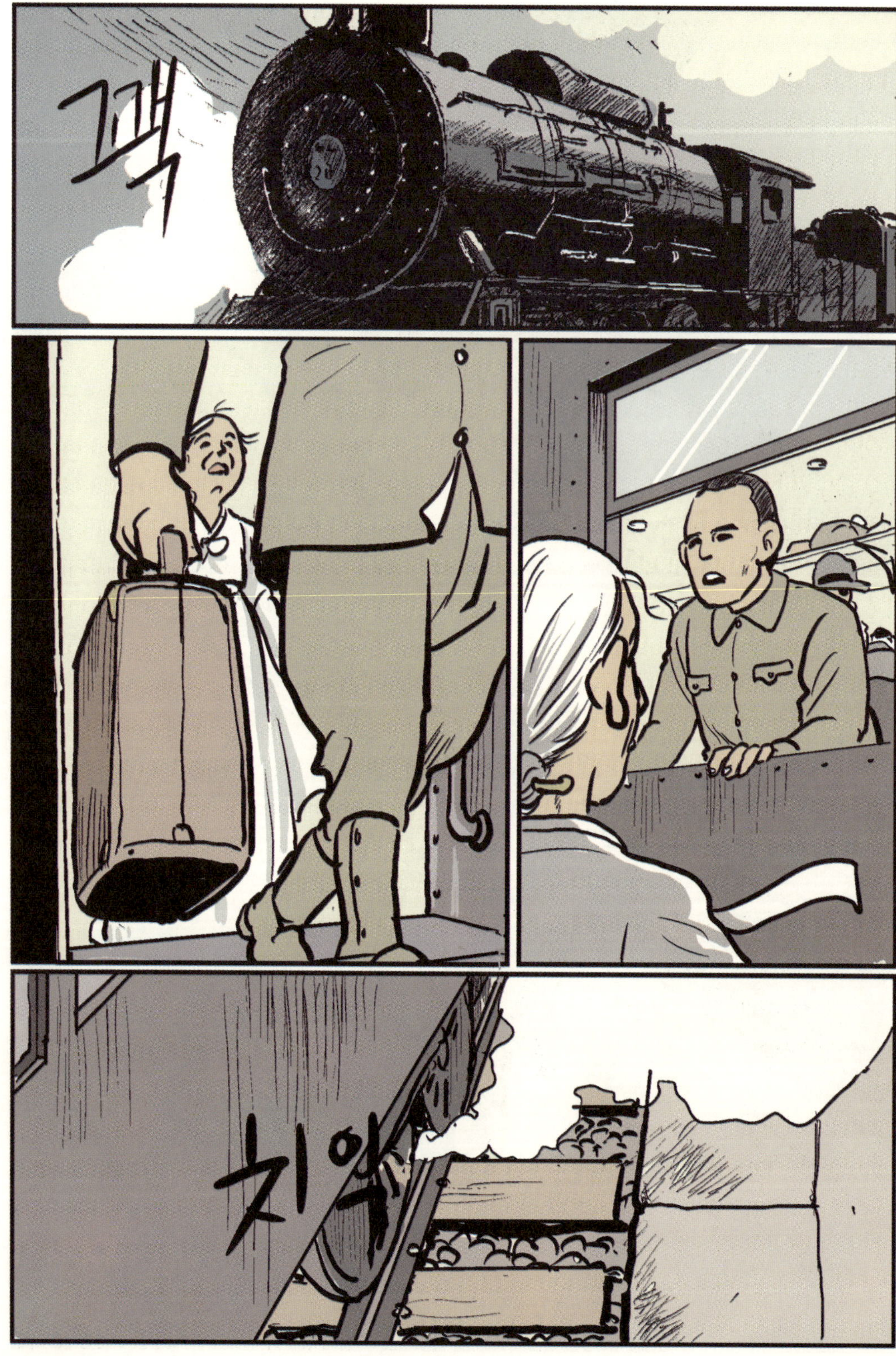
끄괙
치익

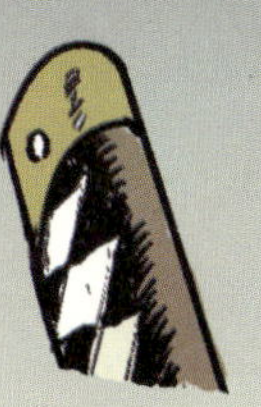

김종신 공보 비서관이 박정희의 전기를 준비하며 물었다.
"각하, 왜 만주로 가셨습니까?"

박정희의 대답은 단순명쾌했다.
"긴 칼 차고 싶어서 갔지."

〈상권 끝〉

기파랑耆婆郎은 삼국유사에 수록된 신라시대 향가 찬기파랑가讚耆婆郎歌의 주인공입니다. 작자 충담忠談은 달과 시내와 잣나무의 은유를 통해 이상적인 화랑의 모습을 그리고 있습니다. 어두운 구름을 헤치고 나와 세상을 비추는 달의 강인함, 끝간 데 없이 뻗어나간 시냇물의 영원함, 그리고 겨울 찬서리 이겨내고 늘 푸른빛 잃지 않는 잣나무의 불변함은 도서출판 기파랑의 정신입니다.
www.guiparang.com

이상무의 만화 박정희 〈상〉

초판 1쇄 발행일 2011년 3월 25일

그린이 | 이상무
펴낸이 | 안병훈
북디자인 | design54
펴낸곳 | 도서출판 기파랑
등록 | 2004년 12월 27일 제300-2004-204호
주소 | 서울시 종로구 동숭동 1-49 동숭빌딩 301호
전화 | 02)763-8996(편집부) 02)3288-0077(영업마케팅부)
팩스 | 02)763-8936
e-mail | info@guiparang.com
ISBN | 978-89-6523-980-2(47990)